Mountainbikeweg Schwarzwald

In 354 km über die Schwarzwaldhöhen
von Karlsruhe nach Lörrach

Bildnachweis

Titelbild: BILD&SATZ&MEHR
Bilder Inhalt: Manfred Geisenhof

Autor

Manfred Geisenhof

Gestaltung und Reproduktion

BILD&SATZ&MEHR, Endingen
www.medienkonzeption.de

Die Deutsche Bibliothek - CIP-Einheitsaufnahme

Geisenhof, Manfred:
Mountainbikeweg Schwarzwald : In 354 km über die Schwarzwaldhöhen von Karls-
ruhe nach Lörrach / Manfred Geisenhof. Schwarzwaldverein e.V., Freiburg (Hrsg.).
- Karlsruhe : Braun, 2001
ISBN 3-7650-8255-4

ISBN 3-933353-09-2 für die Mitgliedsausgabe
ISBN 3-7650-8255-4 für G. Braun Buchverlag

Vorwort

Der Schwarzwald-Radweg wurde 1997 vom Schwarzwaldverein und dem Landesfremdenverkehrsverband eingeweiht. Mit dem rund 350 km langen Radweg für Mountainbiker sollte eine Fahrradvariante des legendären Schwarzwald-Westwegs geschaffen werden. Die gesamte Wegstrecke enthält Steigungen von insgesamt etwa 4 800 Höhenmeter. Dank der Velo-Busse von RVS und SBG können Kaltenbronn, Kurhaus Sand, Mummelsee und Neueck bei Furtwangen bequem erreicht werden. Trotzdem verbleiben noch genügend Anstiege, um die Kondition zu testen.

Mit Verbreitung der Mountainbikes in den 1980er Jahren bewältigten erstmals Radfahrer steile und bislang ausschließlich den Wanderern vorbehaltene Wanderwege. Ein neues Konfliktfeld war entstanden. Seither müssen sich die Wanderer damit abfinden, dass ihre Wege nicht mehr nur von Fußgängern genutzt werden. Bei den Bikern hat sich dagegen herumgesprochen, dass mit Rücksichtnahme und Freundlichkeit Konflikte vermeidbar sind.

Bei den Schwarzwaldvereinen vorort sind Radtouren neben den Wanderungen schon lange fester Bestandteil der Jahresprogramme. In einigen Ortsgruppen gibt es sogar Mountainbike-Abteilungen, mit einem attraktiven Angebot.

Eine wachsende gegenseitige Toleranz ist erfreuliche Folge dieses Miteinander.

Die ehrenamtlichen Radwegewarte, sind aktive Radfahrer und betreuen die Markierung des Fahrradweges. Mehrmals jährlich fahren sie ihre Strecken ab, um die Zuverlässigkeit der Markierung zu gewährleisten. Fehlen trotzdem einmal die Wegeschilder, sind wir Ihnen für Hinweise dankbar. Sie können die kleinen Schilder als Souvenir beim Schwarzwaldverein erwerben. Also bitte nicht abschrauben!

Dem Autor danken wir für die Zusammenstellung des ansprechenden MTB-Führers und wünschen Ihnen eine oder mehrere erlebnisreiche Mountainbike-Tour(en) in unserem schönen Schwarzwald.

Dr. Karlheinz Abt,
Hauptgeschäftsführer
Schwarzwaldverein e.V.

Schwarzwald – Landschaftsgeschichte, Besiedelung und Erschließung

Der Schwarzwald verdankt seine Entstehung einer Hebung beiderseits des Oberrheins, die zur Zeit der Alpenbildung begann. Die Aufwölbung (in Verbindung mit dem Einbruch des Oberrheingrabens) führte zu einer nach Osten abfallenden Platte mit dem Südschwarzwald als höchster Erhebung. Dort hat auch die Erosion besonders stark gewirkt, so dass die ursprünglich aufliegenden Deckgebirge aus Buntsandstein, Muschelkalk und Keuper vollständig abgetragen worden sind. Ebenso wie die Höhe nimmt die Breite des Schwarzwaldes von Süden nach Norden ab. Bildet der Feldberg mit seinen 1 493 m die höchste Landmarke und liegen noch einige weitere Gipfel im Südteil des Mittelgebirges über der 1 400 Meter-Grenze, so beträgt die höchste Erhebung im nördlichen Mittelgebirgsteil mit der Hornisgrinde nur noch 1 163 Meter.

Der knapp 160 Kilometer lange Schwarzwald misst im Süden eine Breite von ca. 60 Kilometern, im Norden hingegen nur etwa 30 Kilometer. Dafür wird das überall im Schwarzwald zutage tretende Grundgestein (Gneis und Granit) im Nordschwarzwald noch von einer 250 bis 350 Meter mächtigen Buntsandsteindecke überlagert. Im mittleren Schwarzwald sind gerade noch 20 bis 50 Meter übriggeblieben.

Überformt wurde die Landschaft durch Gletscher, wobei im Südschwarzwald das Feldbergmassiv das Vereisungszentrum bildete. Überall hat die letzte Eiszeit (die sog. Würmeiszeit) zahlreiche und deutliche Spuren hinterlassen. Heute noch vielerorts sichtbar sind Endmoränen, Karseen, Toteislöcher und Trogtäler.

Der im Westen markante Gebirgsabfall wird durch wilde Gebirgsbäche und steile Kerbtäler geprägt. Aus den geringeren Höhenunterschieden im Osten resultieren flache Muldentäler mit mäandrierenden Bächen und Flüssen. Der Südabfall vom Hotzenwald zum Hochrhein ist auf kurzer Distanz beträchtlich. Dort entwässert das Gebirge durch die teils tiefen und unzugänglichen Schluchten von Wehra, Murg, Alb und Schlücht. Im Mittleren Schwarzwald ist das Gebirge die europäische Wasserscheide. Die nach Westen gerichteten Ströme entwässern über den Rhein in die Nordsee, die nach Osten über die Donau ins Schwarze Meer. Bis vor ca. 70 000 Jahren floss auch die Wutach als sogenannte Feldberg-Donau ins Schwarze Meer. Infolge einer markanten Flussumlenkung entwässert dieser besondere Mittelgebirgsfluss über die wildromantische Wutachschlucht heute in den Hochrhein. Nicht nur geologisch und botanisch interessierte Wanderer erleben diese Region im Verlauf des Querweges Freiburg-Bodensee zwischen Lenzkirch und Blumberg als besonders spektakulär.

Entlang des Schwarzwalds von Karlsruhe nach Basel bedingt die steil abfallende Westflanke des Mittelgebirges einen erheblichen Höhenunterschied. Vom Oberrhein bis zur Kammlage der nördlichen Mittelgebirgshöhen besteht ein Höhenunterschied von 800 bis 1 000 Metern. Im Südteil beträgt die Höhendifferenz von Freiburg bis auf den Feldberg sogar 1 215 Meter. Solch beträchtliche Höhenunterschiede auf engem Raum bringen eine Vielfalt an landschaftlichen Gegensätzen hervor. Die Rheinebene und die Vorbergzone bieten günstige Bedingungen für den Gemüse-, Obst- und Weinbau. Dagegen beschränken die niedrigen Temperaturen und höheren Niederschläge in den Mittel- und Hochlagen die Landwirtschaft auf Grünlandnutzung und Waldbau.

Es hat lange gedauert, bis der Mensch den Schwarzwald besiedelte. Zu abweisend wirkte wohl das mit dichten Wäldern bestandene Mittelgebirge. Selbst die expansionsfreudigen Römer machten lieber einen Bogen um den „Silva Nigra" (schwarzer Wald). Im 1. Jahrhundert nach Christus begründeten sie militärische Stützpunkte in der Oberrheinebene und der Vorbergzone des Schwarzwaldes. In deren Folge entstanden fortschrittliche Badeanlagen und Gutshöfe. Im Laufe ihrer Herrschaftszeit ent-

standen nicht nur Straßen, es entstand auch die erste Verbindung quer durch das Mittelgebirge. Diese Querverbindung führte von der Oberrheinstraße durchs Kinzigtal zu den Befestigungen an der Oberen Donau. Die Römer gründeten Bade- und Thermalanlagen, die auch heute noch bekannt sind. Man denke nur an die in Badenweiler und Baden-Baden. Außerdem brachten sie den Weinbau in die Region. Ihnen also ist es zu verdanken, dass der Westrand des Schwarzwaldes von Lörrach bis Baden-Baden durchgängig ein berühmtes Weinbaugebiet ist. Die Produkte der Winzer, die auch in den letzten Jahren international erfolgreich waren, empfehlen sich selbst.

Mit der Landnahme der Alemannen um das Jahr 260 wurden die Römer vertrieben. Nach der ersten Gründungswelle und Besiedelung begannen ab dem 8. Jahrhundert die Klöster schließlich das Mittelgebirge zu nutzen. Im Münstertal (St. Trudpert), in Ettenheimmünster und in Gengenbach entstanden Klosteranlagen. Mönchssiedlungen erschlossen schrittweise das Zentrum des Schwarzwalds, man denke nur an St. Blasien, Waldkirch, Sulzburg, Hirsau, Alpirsbach, St. Georgen, St. Peter, St. Märgen. Mit dem Bau einzelner Gehöfte entstanden Acker- und Wiesenflächen. Hochflächen und Täler wurden besiedelt, neue Städte gegründet. Auch zahlreiche Adelsgeschlechter waren bei der Erschließung des Schwarzwaldes beteiligt. In diesem

Zusammenhang genannt werden die berühmten Geschlechter der Zähringer, Staufer und Habsburger sowie die heute noch im Lande lebenden Markgrafen von Baden, die Herzöge von Württemberg und die Fürsten zu Fürstenberg.

Zahlreich waren die Adelsgeschlechter, die sich die Besitzansprüche des Schwarzwalds teilten. Eine umfassende „Flurbereinigung in der Landkarte adeliger Besitzverhältnisse" stand am Ende der Neuordnung Südwestdeutschlands durch Napoleon. Gewinner waren Württemberg und Baden. Durch den Reichsdeputationshauptschluss (1803) fielen der Markgrafschaft große rechtsrheinische Gebiete zu sowie einige Klöster. Im Frieden von Preßburg (1805) wurden die vorderösterreichischen Lande Breisgau und Ortenau sowie die Stadt Konstanz Baden zugesprochen. Aus der territorialen Neuordnung ging das Großherzogtum Baden hervor und auch das Herzogtum Württemberg war zum Königreich aufgestiegen. Im Jahre 1952 schließlich wurde mit der Gründung des Bundeslandes Baden-Württemberg die Trennung in einen badischen und württembergischen Schwarzwald aufgehoben. Daran erinnern allenfalls noch die mehr oder weniger scherzhaften Streitigkeiten zwischen Badenern und Schwaben (Württembergern).

Heute präsentiert sich der Schwarzwald als sehr gut erschlossenes Mittelgebirge. Zahlreiche Touristenstraßen wie z.B. die Schwarzwaldhochstraße, Bäderstraße, Badische Weinstraße und namenlose, jedoch nicht minder hübsche Landstraßen erschließen die vielfältige Kulturlandschaft. Eine Eisenbahnfahrt auf einer der Gebirgsbahnen ist für jeden Eisenbahnfan ein absolutes Muss. Allen voran ist die Schwarzwaldbahn von Offenburg nach Singen zu nennen, wobei der beeindruckendste Abschnitt zwischen Hausach und St. Georgen liegt. Im Jahre 1873 wurde dieses Projekt des Großherzoglichen Baudirektors Robert Gerwig, das im Eisenbahnbau richtungsweisend war, durchgängig in Betrieb genommen. Für die weltbekannte Gotthardbahn war diese Mittelgebirgsbahn ein wichtiges Vorbild. Auch die Höllentalbahn von Freiburg nach Donaueschingen und die Drei-Seen-Bahn hinauf zum Schluchsee imponieren mit spektakulären Ausblicken und technisch geschickter Trassenführung. Am südöstlichen Schwarzwaldrand ist die Wutachtalbahn oder „Sauschwänzlebahn" zu nennen, die ihren Spitznamen von den zahlreichen Kehren erhielt. Diese Bahnlinie wurde aus rein strategischen Gründen gebaut und 1890 eröffnet. Heute verkehrt sie als Museumsbahn zwischen Blumberg-Zollhaus und Weizen. In der Luftlinie liegen 9,5 km zwischen den 230 Metern Höhenunterschied. Der Zug muss hierfür jedoch 26,5 km Fahrt zurücklegen. Viel jüngeren Datums ist die „grenzüberschreitende" Murgtalbahn. Wegen Unstimmigkeiten zwischen dem Großherzogtum Baden und dem Königreich Württemberg konnte erst 1928 der erste Zug von Rastatt nach Freudenstadt verkehren.

Ideal zum Kennenlernen des Schwarzwaldes sind die zahlreichen und meist sehr gut beschilderten Wanderwege. Das vom Schwarzwaldverein unterhaltene Wanderwegenetz beläuft sich auf insgesamt 23 000 Kilometern. Unter anderem zählt hierzu der Klassiker unter den Fernwanderwegen: der „Schwarzwald-Westweg" von Pforzheim nach Basel mit 285 km Länge. Mittel- und Ostweg sind nicht minder attraktiv und alle drei Höhenwege haben ihren Ausgangspunkt in der Goldstadt Pforzheim.

Zahlreiche Querwege und kürzere Wanderrouten ermöglichen ein attraktives Wandererlebnis auch an einem verlängerten Wochenende.

Für weiterführende Auskünfte über Wanderwege und Informationen zum Schwarzwald sei auf den Schwarzwaldverein e.V. in Freiburg verwiesen:

Schwarzwaldverein e.V.
Hauptgeschäftsstelle
Schloßbergring 15
79098 Freiburg
Tel. 07 61 / 3 80 53-0
Fax 07 61 / 3 80 53-20
www.schwarzwaldverein.de

Einleitung

Wer kennt nicht Ludwig Auerbachs Strophe: „O Schwarzwald, o Heimat, wie bist Du so schön!" Dies gilt glücklicherweise auch heutzutage noch für das größte der deutschen Mittelgebirge. Nicht nur die Ausdehnung, auch die Gegensätze zeichnen den Schwarzwald aus: im Westen der markante Steilabfall zur Oberrheinebene, nach Osten der sanfte Übergang in die Gäulandschaft und die Baar. Im Südschwarzwald sind es die zahlreichen Aussichtsberge, die im Herbst eine fantastische Alpensicht bieten und den Reiz dieses Landschaftsbildes ausmachen. Im Mittleren Schwarzwald ist die Szenerie sanfter. Wälder auf den Bergkuppen und Wiesen in den Tälern prägen mit verstreuten Schwarzwaldhöfen die Landschaft. Der Nordschwarzwald mit seinen großen, geschlossenen Waldgebieten bildet hierzu wieder einen deutlichen Kontrast. Diese landschaftliche Vielfalt wird dem Biker während seiner Fahrradfreuden durch den Schwarzwald offenkundig.

Wer sich die über 350 Kilometer nicht auf einmal zutraut oder aber, um bequem radeln zu können, für diese große Distanz nicht über die nötige Zeit verfügt, der kann die Gesamttour auch in einzelnen Etappen zurücklegen. Immer wieder werden Orte mit Bahnanschlüssen erreicht, wie Gernsbach im Murgtal. Sämtliche Orte zwischen Gernsbach und Forbach können mit der Murgtalbahn angefahren werden. Dann allerdings kann erst wieder im Kinzigtal eine Bahnstation für Aus- bzw. Einstieg gewählt werden, die am Radwanderweg gelegen ist. Hierfür bieten sich Wolfach, Hausach oder Haslach an. Die nächste und letzte Unterbrechungs- und Rückreisemöglichkeiten liegt bereits im Südschwarzwald: Neustadt und/oder Feldberg-Bärental. In Lörrach schließlich befindet sich der Zielbahnhof der gesamten Strecke.

Quartier muss in der Regel nicht vorbestellt werden. In fast allen Dörfern am Radwanderweg lässt sich Unterkunft finden. Zum Teil gibt es auch Übernachtungsmöglichkeiten in Landgasthöfen außerhalb von Ortschaften. Eine Liste von Gasthöfen und Hotels, den Jugendherbergen in Zuflucht, Neustadt, Altglashütten, Feldberg, Todtnauberg und Wieden findet sich bei den Beschreibungen der einzelnen Tagesstrecken.

Als kleine Planungshilfe sei die Broschüre „Schwarzwald Radweg" vom Tourismusverkehrsverband Baden-Württemberg erwähnt (Telefon 07 11 / 2 38 58-0, Kostenpunkt: DM 3). Eine Ergänzung sind die Radwanderkarten Schwarzwald Nord und Schwarzwald Süd (Maßstab 1:100 000) des Landesvermessungsamtes. Die Wanderkarten des Schwarzwaldvereins im Maßstab 1:50 000 mit den Blättern 1 (Karlsruhe – Pforzheim), 2 (Baden-

Karlsruhe (Bf)

Karlsbad

Pforzheim

Straubenhardt

Gernsbach (Bf)

Baden-Baden

Forbach

Hornisgrinde

Mummelsee

Baiersbronn - Obertal (Bf)

Freudenstadt

Kniebis

Offenburg

Wolfach

Schramberg

Hausach

Rottweil

Haslach (Bf)

Triberg

Brend

Schwenningen

Villingen-

Furtwangen

Freiburg

Titisee-

Neustadt (Bf)

Feldberg

Titisee

Feldsee

Feldberg

Wieden

Belchen

Neuenweg

Blauen

Kandern

Lörrach (Bf)

Baden – Hornisgrinde), 5 (Freuden-stadt – Schramberg), 506 (Titisee-Neustadt) und 508 (Lörrach) ermöglichen dank ihrer größeren Detailinformationen auch Abste-cher links und rechts der eigentli-chen Route. Dermaßen gerüstet kann es mit dem Mountainbike oder Trekkingfahrrad an den Start gehen. Empfehlungen über die Dauer zu geben ist schwierig. Sehr sportliche Radfahrer bewältigen die Strecke in vier Etappen (z.B. Karlsruhe-Forbach-Haslach-Feld-berg-Lörrach). Wollen Sie es gemütlich angehen, Abstecher zu Sehenswürdigkeiten der Natur oder einem Museum einbauen, vielleicht auch einen Tag verbum-meln, so sind auch zehn Tage nicht zuviel. Im vorliegenden Radwan-derführer werden die Routenbe-schreibungen auf sechs Etappen verteilt. Dies kann jedoch individu-ell geändert werden.

Ob Frühling, Sommer oder Herbst – jede Jahreszeit hat ihre speziellen Reize, und keine kann als besonders herausragend empfoh-len werden. Allerdings kann die Witterung im Schwarzwald rasch wechseln, selbst Sommertage kön-nen kühl ausfallen. Es empfiehlt sich von daher, entsprechende Klei-dung und Regenschutz unbedingt mitzunehmen. Proviant und Ge-tränke können unterwegs immer wieder ergänzt werden, so dass es hierfür keines mehrtägigen Vor-rates bedarf.

Für den Bahnfahrer noch einen letzten Tipp: Legen Sie die Tour so, dass die Rückfahrt mit der Bahn auf ein Wochenende fällt. Dann näm-lich können bis zu fünf Personen mit dem ‚Schönen Wochenend-ticket' von Lörrach nach Karlsruhe zurückfahren. Umsteigen muss man in Weil und Offenburg. Von Lörrach nach Weil und von Offen-burg nach Karlsruhe haben alle Züge ein Fahrradabteil. Für die Strecke Weil – Offenburg müssen die Räder ggf. in den Einstiegsraum gestellt werden. Werktags emp-fiehlt sich das Baden-Württemberg-Ticket. Gültig ist dieses jeweils von 9 bis 16 Uhr und von 18 bis 3 Uhr des Folgetages. Mit beiden Tickets dürfen nur Züge des Nahverkehrs benutzt werden.

Etappeneinteilung des Radwanderweges Schwarzwald

1. Etappe:
Karlsruhe – Gernsbach (58,5 km)

2. Etappe:
Gernsbach – Baiersbronn-Obertal (61,5 km)

3. Etappe:
Baiersbronn-Obertal – Haslach (67 km)

4. Etappe:
Haslach – Neustadt im Schwarz-wald (59,5 km)

5. Etappe:
Neustadt im Schwarzwald – Wiedener Eck (43 km)

6. Etappe:
Wiedener Eck – Lörrach (64,5 km)

1. Etappe: Karlsruhe – Gernsbach

Karlsruhe / Südausgang des Hauptbahnhofes (110 müM) – Aue (117 müM) – Thomashof (265 müM) 12,5 km – Mutschelbach (203 müM) – Langensteinbach (245 müM) 20,5 km – Ittersbach (325 müM) 26 km – Pfinzweiler (362 müM) – Dobel (689 müM) 38 km – Weithäuslesplatz (822 müM) – Plotzsägmühle (530 müM) – Rißwasen (570 müM) – Loffenau (319 müM) 54,5 km – Gernsbach (172 müM) 58,5 km

Streckeninfos

Kartenmaterial
Wanderkarte des Schwarzwaldvereins Blatt 1 (Karlsruhe – Pforzheim) 1: 50 000

Streckencharakteristik
Vom Hauptbahnhof bis Aue ebene Radwanderwegkilometer, danach mäßige und kurze Anstiege bis Pfinzweiler. Erster steiler Streckenabschnitt hinauf nach Dobel. Der Weithäuslesplatz ist der höchst gelegene Punkt der 1. Etappe. Steile bis sehr steile Abfahrt zur Plotzsägmühle an der Alb. Nach kurzem Gegenanstieg lange Abfahrtstrecke über Loffenau nach Gernsbach.

Streckenlänge
58,5 Kilometer

Steigung
ca. 930 Höhenmeter

Bahnhöfe entlang der Strecke
Karlsruhe, Langensteinbach, Ittersbach, Gernsbach

Variante mit VeloBus

Ab Karlsruhe Durlacher Tor nach Sand (Hundseck) und Mummelsee

Ab Baden-Baden nach Sand, Mummelsee und Karlsruhe

Ab Offenburg, Oberkirch, Oppenau zum Mummelsee

Informationen bei SüdwestBus:
Karlsruhe: 07 21 / 9 66 86 10
Offenburg: 07 81 / 20 28-1
Freudenstadt: 0 74 41 / 86 01 20

Weitere Informationen auf Seite 78.

Karlsruhe
Markgraf Karl Wilhelm von Baden-Durlach gründete 1715 die Stadt. Viele Gebäude wurden durch den Karlsruher Baumeister Friedrich Weinbrenner im Stil des Klassizismus errichtet.

Ruine der St.-Barbara-Kapelle in Karlsbad-Langensteinbach

Badisches Landesmuseum Karlsruhe

Schloss, 76131 Karlsruhe, Tel. 07 21 / 926-65 14 und 65 42
Thematik: U.a. Kulturgeschichte des Abendlandes und des Landes Baden. Sammlungen von den Anfängen der Menschheit bis zur Gegenwart.
Öffnungszeiten: Di bis Do von 10 - 17 Uhr, Fr bis So und an Feiertagen von 10 - 18 Uhr

Botanischer Garten

Grüne Oase mit teilweise seltenen Gehölzen aus dem 19. Jahrhundert und einer Vielzahl an Neupflanzungen.

Karlsbad-Langensteinbach

Ruine der St.-Barbara-Kapelle

Erbaut 1330 durch Mönche des Klosters Herrenalb (vom Turm haben Sie eine schöne Sicht ins Umland).

Karlsbad-Ittersbach

Heimatmuseum Ittersbach

76307 Karlsbad-Ittersbach, Friedrich-Dietz-Str. 2, Tel. 0 72 48 / 41 04
Thematik: Haus- und Landwirtschaft und die Lebensverhältnisse auf dem Land und in der vorindustriellen Zeit. Wohnen

Schloss zu Karlsruhe

und Arbeiten der Ziegler, Steinhauer und Kalkbrenner.
Öffnungszeiten: am 1. und 3. Sonntag im Monat (13.30 bis 17.00 Uhr)

✹ *Plotzsägmühle im Albtal*
Sägemühle mit ehemals oberschlächtigem Wasserzulauf.

Loffenau
Hübscher Fachwerkort.

Gernsbach
Alter Stadtkern mit steilen Gassen, schönem Rathaus und weiteren prächtigen Gebäuden.

🏛 *Amtshofmuseum*
76593 Gernsbach, Schloßstr. 37 - 39, Tel. 0 72 24 / 644-15
Thematik: Sammlungen zur Stadtgeschichte
Öffnung im Rahmen von Stadtführungen vom 1.5. – 30.9. an Montagen 10.30 Uhr und nach telefonischer Vereinbarung

🏛 *Zunftstube der Maler- und Lackiererinnung Murgtal*
76593 Gernsbach, Altes Rathaus, Hauptstr. 11,
Tel. 0 72 24 / 24 28

Dobel im Nordschwarzwald

Thematik: Arbeitsweisen des Gewerbes, sowie Entwürfe, Zeichnungen und Gesellenstücke

Öffnung am 3. Septemberwochenende und nach Absprache

Übernachtungen

Karlsbad-Langensteinbach

ℹ️ Bürgermeisteramt Karlsbad, Am Marktplatz, 76307 Karlsbad, Tel. 0 72 02 / 93 04-42

🛏️ Hotel Karlsbader Hof, Gotenstr. 1, Tel. 0 72 02 / 87 27

Dobel

ℹ️ Kurverwaltung, Neue Herrenalber Str. 11 / Postfach 20, 75335 Dobel, Tel. 0 70 83 / 7 45 13

🛏️ Hotel Restaurant Rössle, J.-P. Hebel-Str. 7, Tel. 0 70 83 / 92 53-0

🛏️ Hotel Funk, Hauptstr. 32, Tel. 0 70 83 / 92 21-0

🛏️ Gasthof Pension Zur Linde, Hauptstr. 19, Tel. 0 70 83 / 88 73

🛏️ Hotel Flora Garni, Brunnenstr. 7, Tel. 0 70 83 / 29 48

Loffenau

ℹ️ Verkehrsamt, Untere Dorfstr. 1, 76597 Loffenau, Tel. 0 70 83 / 92 33-18

🛏️ Hotel/Restaurant Sonne, Obere Dorfstr. 4, Tel. 0 70 83 / 24 87 bzw. 9 23 80

🛏️ Hotel-Restaurant Tannenhof, Bocksteinweg 9, Tel. 0 70 83 / 86 36

Gernsbach

ℹ️ Stadtverwaltung Gernsbach, Kultur- und Verkehrsamt, Igelbachstr. 11, 76593 Gernsbach, Tel. 0 72 24 / 644-44

🛏️ Gasthaus Alte Post, Bleichstr. 38, Tel. 0 72 24 / 33 73

🛏️ Gasthof Jockers, Schloßstr. 4, Tel. 0 72 24 / 16 30

🛏️ Gasthaus Waldbachschänke, Waldbachstr. 41, Tel. 0 72 24 / 34 35

Auf dem Radwanderweg Schwarzwald von Karlsruhe nach Gernsbach

Wo könnte der Radwanderweg Schwarzwald seinen Ausgang besser nehmen als in Karlsruhe. Wurde hier doch der berühmte Freiherr von Drais geboren, der 1817 das patentierte hölzerne Zweirad erfand, auf dem man rittlings sitzend und sich mit den Beinen abstoßend fortbewegte. Dieses von ihm ertüftelte Zweirad kann als Urfahrrad angesehen werden. Was würde wohl Karl Friedrich von Drais zu den aus seiner „Laufmaschine" entwickelten „High-Tech-Bikes" sagen, mit denen wir in Karlsruhe starten.

Karlsruhe ist eine junge Stadt. Markgraf Karl Wilhelm von Baden-Durlach legte 1715 den Grundstein für sein neues Schloss namens „Carols-Ruhe". Der ehemalige Herrschersitz bildet das Zentrum der Stadt. Strahlenförmig laufen die Straßen und Alleen auf diesen Mittelpunkt zu. Der Stadtgrundriss ist fächerartig. Mit Gründung des Bundeslandes Baden-Württemberg im Jahre 1952 verlor Karlsruhe seinen Status als Landeshauptstadt Badens.

Die Informationstafel am Südausgang des Karlsruher Hauptbahnhofes nennt die einzelnen Stationen des Radwanderweges bis zum 350 km entfernten Lörrach. Am 26. April 1997 wurde der Weg offiziell vom Schwarzwaldverein eingeweiht. Auch wenn der Weg lückenlos beschildert ist, sollte auf Radwanderführer, Quartierverzeichnis und Kartenmaterial nicht verzichtet werden. Am

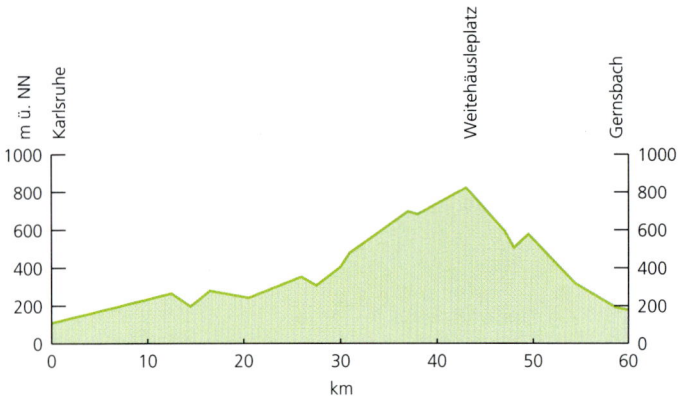

Karlsruhe - Gernsbach

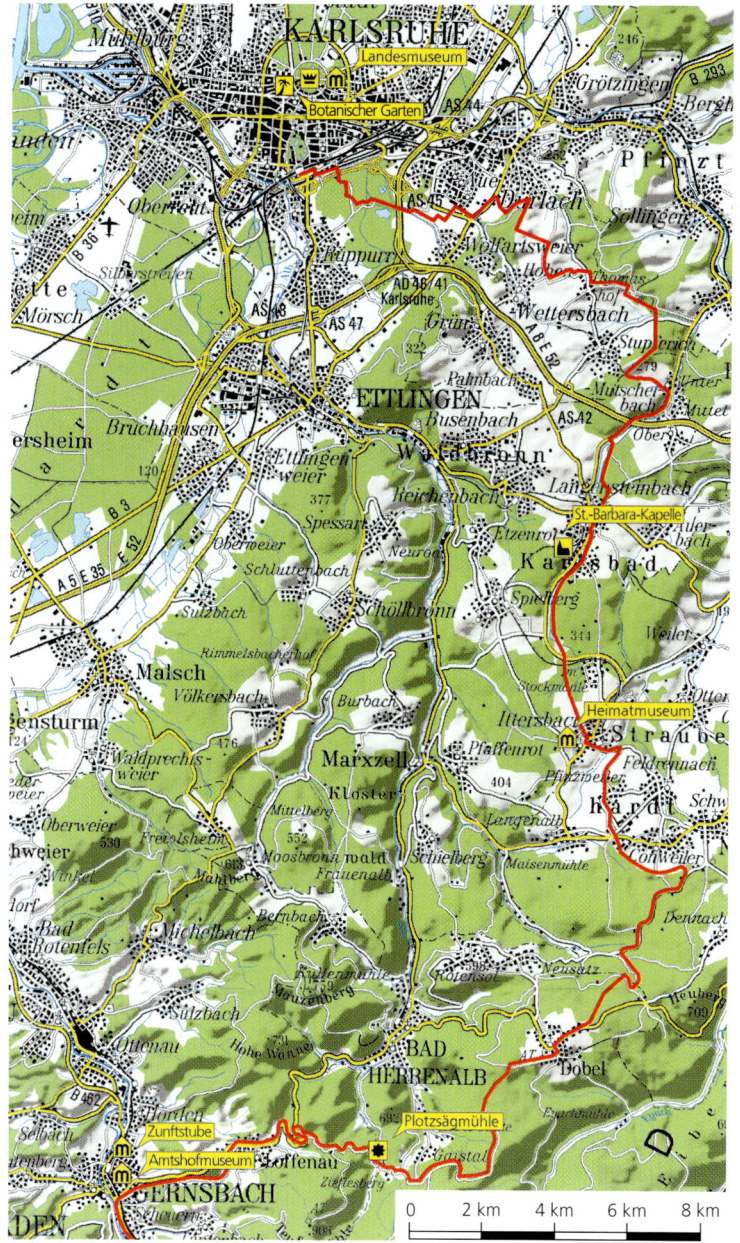

besten eignen sich die bekannten Wanderkarten des Schwarzwaldvereins im Maßstab 1:50 000 (Blätter 1, 2, 5, 506, 508) oder die Radwanderkarten 1:100 000 Schwarzwald Nord und Schwarzwald Süd. Damit lassen sich problemlos die Sehenswürdigkeiten am Wegesrand finden, die nächste Etappe planen oder abends am Wirtshaustisch die Tagesetappe nochmals nachvollziehen.

Vom Südausgang des Bahnhofes führt die Radwanderwegbeschilderung „Rote Raute mit Fahrradsymbol" eben und angenehm zum Einradeln über die verkehrsreiche Südtangente in den Oberwald und damit unvermittelt hinein in die Natur, die dem Radler für die kommenden Tage Erholung und Kondition bringende Begleiterin sein wird. Unter der Autobahn 5 hindurch geht es über Äcker und Wiesen an Wolfartsweier vorbei nach Aue und Durlach. Für den hier betriebenen Gemüse-, Obst- und Weinbau sind die Schwarzwaldhöhen zu kalt.

Der erste Anstieg zur Freifläche beim Lamprechts- und Thomashof folgt, und angesichts des Schwarzwald-Nordrandes umfahren Sie Stupferich und fahren nach Mutschelbach ab. Durch das Bocksbachtal aufwärts, unter der BAB 8 hindurch, erreichen Sie Langensteinbach.

Nach Langensteinbach nimmt der Waldanteil stetig zu. Vor Ittersbach erinnert ein Gedenkstein an die Zerstörung von 110 Hektar Wald durch einen Tornado am 10.

Juli 1968. Dies erklärt den großflächigen Baumbestand gleichen Alters. Allerdings hat in diese altersgleiche Waldstruktur der Orkan „Lothar" am Zweiten Weihnachtsfeiertag 1999 einige Lücken geschlagen. Das Orkantief hinterließ besonders im Schwarzwald eine Spur der Verwüstung. Ca. 40 000 Hektar Wald fielen der Windgewalt zum Opfer, was der dreifachen Menge eines normalen Jahresholzeinschlages entspricht.

Noch vor dem Karlsbader Ortsteil Ittersbach wird die Bergkette des Nordschwarzwaldes deutlich greifbarer. Nach dem ersten ländlich wirkenden Dorf Pfinzweiler und nach insgesamt etwa 31 Kilometern und 289 bewältigten Höhenmetern wird es deutlich – wir sind im Schwarzwald. Erstmals wird die Kondition im Anstieg auf die vor einigen Stunden noch weit entfernten Berge des Nordschwarzwalds gefordert.

Im Höhenkurort Dobel sind etwa 10% der insgesamt 350 Kilometer erfahren. Nach weiteren fünf Kilometern wird der mit 822 Metern über Meereshöhe vorerst höchste Punkt erreicht. Diese Höhe werden Sie erst wieder 53 km später mitten im dichten Nadelwald zwischen Hundsbach und Hundseck erreichen.

Zuvor geht es vom 822 m hoch gelegenen Weithäuslesplatz auf gutem Forstweg bequem abwärts zur Talwiese und danach sehr steil ins Albtal zur Plotzsägmühle. Diese erste der ehemals zahlreichen Schwarzwaldmühlen am Radwanderweg ist

Gernsbach an der Murg

eine oberschlächtige Sägemühle, den am weitesten verbreitete Mühlentyp. Das Wasser strömt hierbei von oben über ein Gerinne dem Wasserrad zu und treibt es im Fallen an. Der Wellbaum, auf dem das Wasserrad aufsitzt, trägt im Gebäudeinnern zwei Nocken. Beim Drehen von Wasserrad und Wellbaum werfen diese beiden Nocken das Sägegatter nach oben, und beim Hinabfallen erfolgt der Sägeschnitt. Das Geräusch, das durch diese Arbeitsgänge weithin zu vernehmen war, führte zu der Bezeichnung Plotzsäge. Die Plotzsägen zählen zu den technisch einfachen Sägemühlen. Zusätzliche Bauteile wie z.B. Kurbelzapfen oder Zahnrad sind für den Gatterbetrieb nicht erforderlich.

Der Mühle angeschlossen befindet sich eine weithin bekannte Vesperstube. Vor der Weiterfahrt vom Alb- ins Murgtal kann hier die letzte Einkehrmöglichkeit genutzt werden. Nach kurzem Aufstieg folgen einige bequeme Kilometer zügiger Abfahrt. Beim Austritt aus dem Wald öffnet sich ein herrlicher Blick über den Fachwerkort Loffenau, das weite Murgtal und zum Merkur, dem Hausberg Baden-Badens. Auf der Hauptstraße nach Loffenau geleitet, durch den großen Dorfplatz, vorbei am originellen Brunnen führt der Weg nach links durch das Igelbachtal vollends zum Flüsschen Murg.

Zum Ausklang des ersten Tourentages sei ein Bummel in die Altstadt von Gernsbach empfohlen. Die Stadt war einstmals Mittelpunkt der Grafschaft Eberstein. Auch war Gernsbach Sitz der „Murgschifferschaft", die bis in die Niederlande ihre Holz-Flößerei betrieb.

2. Etappe: Gernsbach – Baiersbronn-Obertal

Gernsbach (172 müM) – Obertsrot (189 müM) – Hilpertsau (193 müM) – Weisenbach (194 müM) – Au (228 müM) – Langenbrand (260 müM) – Gausbach – Forbach (332 müM) 15 km – Raumünzach (400 müM) 23 km – Ebersbronn (500 müM) – Hundsbach (660 müM) – Hundseck (884 müM) 39 km – Unterstmatt (928 müM) 42,5 km – Mummelsee (1 029 müM) 47 km – Seibelseckle (956 müM) – Ruhestein (918 müM) 53,5 km – Baiersbronn-Obertal (600 müM) 61,5 km

Streckeninfos

Kartenmaterial
Wanderkarte des Schwarzwaldvereins Blatt 2 (Baden-Baden – Hornisgrinde) 1:50 000

Streckencharakteristik
Geringe Steigung von Gernsbach bis Raumünzach, dafür lange anhaltende Steigung zwischen Raumünzach und Hundseck. Erholsames Radeln auf den Nordschwarzwaldhöhen zum Ruhestein, von dort Abfahrt nach Baiersbronn-Obertal.

Streckenlänge
61,5 Kilometer

Steigung
ca. 920 Höhenmeter

Bahnhöfe entlang der Strecke
Gernsbach, Obertsrot, Hilpertsau-Obertsrot, Weisenbach, Langenbrand-Bermersbach, Forbach-Gausbach

Sehenswürdigkeiten

Forbach

 Holzbrücke über die Murg
Eine der schönsten überdachten Holzbrücken Europas (Spannweite 38 Meter).

Auf der Strecke

Mummelsee
Zweithöchster Schwarzwaldsee, höchstgelegener See im Nordschwarzwald (1 029 müM). Von der einstmals wilden Lage ist fast nichts geblieben.

Ruhestein
Naturschutzzentrum Ruhestein
Schwarzwaldhochstr. 2,
Tel. 0 74 49 / 9 10 20
Veranstaltungen im Gelände und Haus zum Thema Natur, Wald und Grinden.
Öffnungszeiten: 1. Mai bis 30. September - Di, Mi, Do, Sa, So,

Holzbrücke über die Murg in Forbach

Feiertage: 10 - 18 Uhr
1. Oktober bis 30. April - Di, Mi,
Do, Sa, So, Feiertage: 10 - 17 Uhr

Übernachtungen

Weisenbach

[i] Verkehrsamt, Hauptstr. 3,
Postfach 8, 76599 Weisen-
bach, Tel. 0 72 24 / 91 83-15

⊨ Gasthaus Grüner Baum,
Hauptstr. 7, Tel. 0 72 24 / 24 86

⊨ Gasthaus Krone,
Jakob-Bleyer-Str. 21,
Tel. 0 72 24 / 31 40

Forbach

[i] Tourist-Info im Kurhaus,
Stried 14, 76596 Forbach,
Tel. 0 72 28 / 23 40

⊨ Restaurant „Goldener Hirsch"
an der alten Holzbrücke,
Tel. 0 72 28 / 22 18

⊨ Gasthof-Pension „Löwen" an
der alten Holzbrücke,
Tel. 0 72 28 / 22 29

⊨ Gasthof-Pension „Seeblick",
Eckstr. 51,
Tel. 0 72 28 / 9 18 80

◄ Pension „Haus am Mühlbach", Mühlbachweg 4,
Tel. 0 72 28 / 9 69 70

F.-Langenbrand

◄ Landgasthof „Zum Ochsen",
Langenbrander Str. 7,
Tel. 0 72 28 / 22 09
(Mo Ruhetag)

◄ Gasthaus-Pension „Murgtäler
Hof", Langenbrander Str. 42,
Tel. 0 72 28 / 890
(Do Ruhetag)

F.-Gausbach

◄ Landgasthof „Waldhorn",
Tel. 0 72 28 / 9 18 70

F.-Raumünzach

◄ Hotel u. Restaurant „Wasserfall", Raumünzach 5,
Tel. 0 72 28 / 96 01 50
(Mo Ruhetag)

F.-Hundsbach

◄ Hotel „Feiner Schnabel",
Hundseckstr. 24,
Tel. 0 72 20 / 272 (Di Ruhetag)

◄ Gasthaus-Pension „Forelle",
Hundseckstr. 25,
Tel. 0 72 20 / 223
(Mi Ruhetag)

◄ Hotel „Tannberg", Aschenplatz 2, Tel. 0 72 20 / 9 79 70
(Mo Ruhetag)

Hundseck

◄ Höhengaststätte Hundseck,
Schwarzwaldhochstraße 15,
Tel. 0 72 26 / 253
(Do Ruhetag)

Unterstmatt

◄ Höhenhotel Unterstmatt,
Schwarzwaldhochstraße,
Tel. 0 72 26 / 9 19 90

◄ Gasthaus „Grosse Tanne",
Schwarzwaldhochstr. 1,
Tel. 0 72 26 / 254

Mummelsee:

◄ Berghotel Mummelsee,
Schwarzwaldhochstraße 11,
Tel. 0 78 42 / 10 88

Baiersbronn-Obertal

ℹ Baiersbronn-Touristik,
Rosenplatz 3,
72270 Baiersbronn, Tel.
0 74 42 / 84 14-0

◄ Hotel-Gasthof Blume,
Rechtmurgstr. 108,
Tel. 0 74 49 / 80 77

◄ Hotel Adler-Post,
Ruhesteinstr. 525,
Tel. 0 74 49 / 92 64-0

◄ Gasthof-Pension Waldblick,
Ruhesteinstr. 565,
Tel. 0 74 49 / 394

Auf dem Radwanderweg Schwarzwald von Gernsbach nach Baiersbronn-Obertal

Lohnend ist es, die vorgegebene Route abzuändern und das zusätzliche Bergan zum Ebersteinschloss in Kauf zu nehmen. Von der Schlossterrasse bietet sich eine schöne Sicht auf die folgenden Murgtalorte und den weiteren Verlauf der Tour.

Nach schwacher Steigung murgtalaufwärts durch Obertsrot, Hilpertsau, Weisenbach, Au, Langenbrand und Gausbach ist der für längere Zeit letzte Murgtalort Forbach. Mit Forbach ist zugleich die vorerst letzte Möglichkeit zur Beendigung einer Etappe und der Bahnrückfahrt – bzw. zum Wiedereinstieg – gegeben. Schmuckstück und Wahrzeichen Forbachs ist die schindelgedeckte hölzerne Brücke. Sie überspannt mit ihren 38 Metern das Flussbett der Murg. Die 1778 fertiggestellte Brücke wurde 1955 nach alten Originalplänen wieder

Schloss Eberstein bietet einen wunderschönen Ausblick auf die Murgtalorte

erstellt. Sie ist mit ihrer Spannweite die größte überdachte und befahrbare Holzbogenbrücke Europas. Überragt wird das hübsche Dorf von der hochgelegenen zweitürmigen katholischen Sandsteinkirche. An der gegenüberliegenden Bergflanke ist bald auch der Stollen der Wasserkraftanlage des Rudolf-Fettweis-Werkes zu sehen. Über Druckstollen und die im Querschnitt 3 Meter messende Rohrleitung stürzt das Wasser vom 360 Meter höher gelegenen Schwarzenbach-Stausee herab und treibt die Turbinen des Wasserkraftwerkes an. Dieses älteste Pumpspeicherkraftwerk Deutschlands wurde ab 1922 in vierjähriger Bauzeit errichtet. Der Schwarzenbach-Stausee mit seiner 65 Meter hohen und 380 Meter langen Staumauer ist ein empfehlenswertes Reiseziel abseits des Radwanderweges, um eine Runde zu schwimmen oder einfach ein Sonnenbad zu nehmen.

Sobald Sie Forbach verlassen, unterqueren Sie den Viadukt der Murgtalbahn. Bereits im Jahre 1869 wurde der erste Abschnitt der Murgtalbahn in Betrieb genommen. Wegen der befürchteten Konkurrenz für die in Württemberg verlaufende Nagoldtalbahn dauerte es jedoch weitere annähernd 60 Jahre, bis die vom badischen Rastatt ins schwäbische Freudenstadt führende Bahnstrecke durchgängig in Betrieb genommen werden konnte. Zum unvergesslichen Erlebnis wird die 55 Kilometer lange Eisenbahnfahrt von der Rheinebene hinauf zu Baden-Württembergs höchstgelegener Stadt Freudenstadt.

Kurz hinter Forbach mündet das liebliche Sasbachtal ins Murgtal, das jetzt Schluchtcharakter aufweist. Im Flussbett liegen gewaltige Gesteinsbrocken. Die zumeist ungenutzten Heuhütten entlang des Weges und in den unzähligen

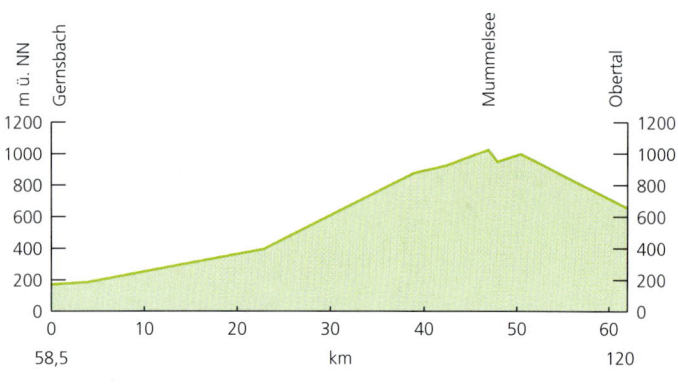

Gernsbach - Obertal

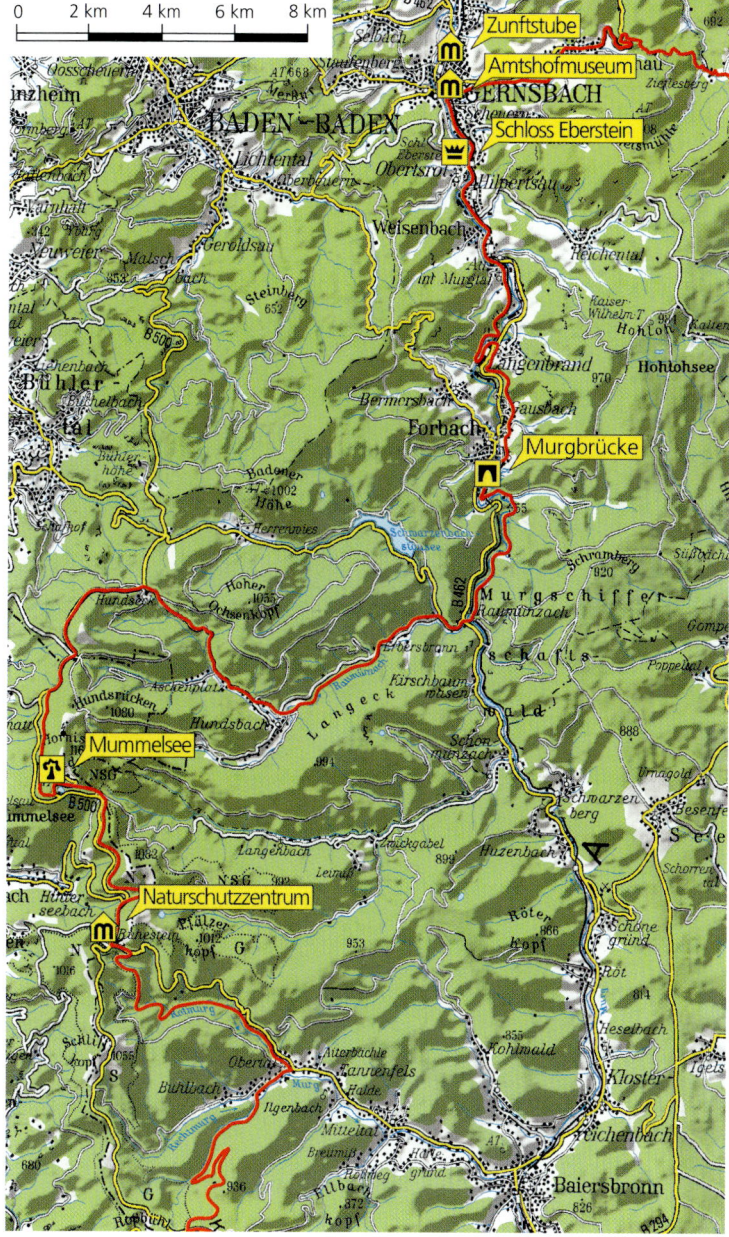

Zunftstube

Amtshofmuseum

GERNSBACH

Schloss Eberstein

Murgbrücke

Mummelsee

Naturschutzzentrum

Die wild rauschende Murg zwischen Raumünzach und Forbach

Dorfkern von Langenbrand

Seitentälern verfallen leider mehr und mehr. Kommunale Maßnahmen der Gemeinde Forbach versuchen die noch existierenden Heuhüttentäler zu erhalten. Zu verdanken hat das Murgtal mitsamt Seitentälern diese unverwechselbare Note den früher eingewanderten Tirolern. Sie übernahmen hier die Bauweise der hölzernen Heuhütten ihrer ursprünglichen Heimat. Das Heu wurde in den Heuhütten gelagert und im Winter mit Schlitten geholt.

Auf asphaltiertem, verkehrsfreiem Sträßlein oberhalb des Gebirgsflusses wird Raumünzach erreicht. Hier überqueren Sie die Murg auf einem Steg und verlassen den Ort wieder. An heißen Tagen kann man sich an einer der vielen Bademöglichkeiten im kühlen Nass der Murg erfrischen. Steile, bewaldete Bergflanken ragen zu beiden Seiten auf, und spätestens hier verlässt man das Gebiet des Mischwaldes und befindet sich im dichten Nadelwald des Nordschwarzwaldes.

Den bequemen Kilometern am Fluss entlang schließen sich 12 Kilometer des durchwegs in den kleinen Gang geschalteten Fahrens an.

Mit Hundseck sind der erste Höhenkurort und die Schwarzwaldhochstraße erreicht. Diese sehr bekannte Touristenstraße führt entlang dem Höhenkamm des Nordschwarzwaldes. In Baden-Baden nimmt sie ihren Anfang und endet nach etwa 47 Kilometern bei der Alexanderschanze. Bis Freudenstadt sind es insgesamt 60 Kilometer. Der einstige Glanz der meisten Hotels im Verlaufe dieser Höhenstraße ist längst geschwunden.

Auf der Nordschwarzwaldhöhe zwischen 900 und 1 030 müM, stets oberhalb der B 500, ist die Richtung nun Süd, und immer wieder eröffnen sich Blicke in die Rheinebene. Unter uns liegen die Städte Bühl und Achern, später Renchen und Appenweier. Von Unterstmatt zum Mummelsee fährt man an der Westflanke der Hornisgrinde entlang. Der höchste Bergrücken im Nordschwarzwald (1 163 müM) wird somit umfahren und der höchstgelegene See im nördlichen Schwarzwald, der Mummelsee, erreicht. Mit seinen 1 030 Meter über Meereshöhe ist er der zweithöchste See dieses Mittelgebirges. Wie viele der Schwarzwaldseen verdankt auch der Mummelsee seine Entstehung der letzten Eiszeit. Vor 10 000 Jahren endete diese, und sämtliche Kare verdanken ihre Entstehung der Vergletscherung. Gletscher hobelten das Kar tief aus und glätteten die Talflanken. Hinter den Karriegeln bildeten sich dann Seen, die im Laufe der Jahrtausende oftmals verlandeten. Von all den heute noch existierenden Karseen im Schwarzwald ist der Mummelsee gewiss der am häufigsten aufgesuchte. Zugleich hat er am meisten vom ursprünglichen Reiz verloren. Andere strahlen noch ihren alten Zauber von Weltabgeschiedenheit aus, z.B. der einige Kilometer entfernte und mittels eines Abstechers zu erreichende Buhlbachsee. Gemeinsam ist allen, dass sie zu fast drei Vierteln von steilen, bewaldeten Bergflanken mit Felsabstürzen eingerahmt werden und der Seeabschluss durch einen Moränenwall gebildet wird. Wenn man nicht gerade früh am Tag den Mummelsee aufsucht, kann man ihn auch als Rummelsee bezeichnen. Wo man ohne Muskelkraft hinkommen kann, da ist zwangsläufig Trubel und Rummel. Uns wird das hektische Treiben um so mehr auffallen, nachdem wir bis hierher 105 km weitgehender Ruhe hatten.

Bis Seibelseckle und wenig darüber hinaus leiten uns nun die rote Raute des Westweges – des für Wanderer klassischen Fernweges – und die Radwanderwegbeschilderung auf gemeinsamen Wegen.

Das besuchenswerte Naturschutzzentrum Ruhestein informiert über den „Grindenschwarzwald", der nur auf den Hochlagen dieses Bereiches des Nordschwarzwaldes zu finden ist und dessen Bereiche der Radwanderweg zwischen Zuflucht und Kniebis durchschneidet. Als Grinden werden die meist waldfreien und teilweise vermoorten Buntsandsteinflächen bezeichnet. Rodungen im 15. Jahrhundert, Beweidung und Streunutzung brachten dieses einzigartige Landschaftsbild hervor. Seit die Bauern mangels Wirtschaftlichkeit die Feucht- und Moorheiden sich selbst überlassen, dringt der Wald von den Randbereichen her in diese Flächen ein. Damit sind auch die in diesen Biotopen lebenden Insekten und die selten gewordene Kreuzotter in ihrem Bestand bedroht. Regelmäßige Pflegeeingriffe steuern der natürlichen Wiederbewaldung entgegen, und seit 1997 ist das Hinterwälder Rind als „ökologischer Rasenmäher" auf dem Schliffkopf am Grasen. Diese alte Schwarzwälder Rinderrasse ist genügsam und sorgt zudem für die Freihaltung dieser erhaltenswürdigen Kulturlandschaft. Auf den weitgehend waldfreien Hochflächen verlief auch die alte Grenze zwischen Baden und Württemberg. Mächtige Grenzsteine künden noch davon.

Regulär weist die Beschilderung des Radwanderweges vom Naturschutzzentrum hinab ins obere Murgtal nach Baiersbronn-Obertal. Wenn man wegen Unterkunft nicht gerade dazu gezwungen ist, kann man sich die Anstrengung des Hinab und Hinauf ersparen. Landschaftlich nicht minder reizvoll und auf der Höhe bleibend kann man auf Forstwegen, ohne die 300 Extrahöhenmeter, Zuflucht erreichen. Allerdings muss dann selbst auf der Karte die Alternativroute im Verlauf der Schwarzwaldhochstraße herausgesucht werden.

Murgtalbahn bei Forbach

3. Etappe: Baiersbronn-Obertal – Haslach

Baiersbronn-Obertal (600 müM) – (Zuflucht) – Alexanderschanze (971 müM) 12 km – Kniebis (920 müM) – Zwieselberg (841 müM) 21 km – Roßberg (752 müM) 31,5 km – Zieflesbrunnen – Waldhans (630 müM) – Waldlehme (730 müM) – Staufenhof (640 müM) 46 km – Wolfach (263 müM) 54 km – Hausach (238 müM) 60,5 km – Eschau – Haslach (220 müM) 67 km

Streckeninfos

Kartenmaterial
Wanderkarte des Schwarzwald-vereins Blatt 2 (Baden-Baden – Hornisgrinde) 1 : 50 000,
Wanderkarte des Schwarzwald-vereins Blatt 5 (Freudenstadt – Schramberg) 1 : 50 000

Streckencharakteristik
Von Baiersbronn-Obertal bis zur Schwarzwaldhochstraße durchge-hende Steigung. Ansonsten kaum nennenswerte Anstiege, dafür aber 12 Abfahrtskilometer nach Wolfach. Angenehmes Radeln im Kinzigtal bis Haslach.

Streckenlänge
67 Kilometer

Steigung
etwa 500 Höhenmeter

Bahnhöfe entlang der Strecke
Baiersbronn (8 km ab/bis Obertal), Wolfach, Hausach, Haslach

Sehenswürdigkeiten

Wolfach
Gepflegte Altstadt mit Schloss und sehenswerter Schlosskapelle.

 Flößer- und Heimatmuseum
77709 Wolfach, Hauptstr. 40, Tel.   0 78 43 / 42 84   und 83 53-53
Thematik: Flößerei und Berg-bau der Region, Trachten aus dem Wolfach- und Kinzigtal. Stadtgeschichte, römische Funde, Urkunden, Bürger-wehruniformen.
Öffnungszeiten: Mai bis Okto-ber - Di, Do, Sa 14 - 17 Uhr, So 10 - 12 Uhr + 14 - 17 Uhr
November bis April - Do 14 - 17 Uhr und am 1. Sonntag im Monat 14 - 17 Uhr

 Glasmuseum der Dorotheenhütte
77709 Wolfach, Glashütten-weg 4, Tel. 0 78 43 / 83 98-0
Mundblashütte mit ange-schlossenem Museum zur

Geschichte der Glasherstellung im Schwarzwald.

Öffnungszeiten: täglich von 9 - 16.30 Uhr, vom 1. Januar bis 30. April an Sonn- und Feiertagen geschlossen

Hausach

 ### Molerhiisli

77756 Hausach, Breitenbachstr. 36, Tel. 0 78 31 / 79 70
Thematik: Ölgemälde, Zeichnungen und Aquarelle aus dem Mittleren Schwarzwald
Öffnungszeiten: Mi 9.30 - 11.30 Uhr, am 1. So im Monat 10.30 - 12 Uhr und 14.30 - 17 Uhr

 ### Museum im Herrenhaus

77756 Hausach, Hauptstr. 1, Tel. 0 78 31 / 14 83
Stadtgeschichtliche Sammlung zu den Themen Bergbau und Landwirtschaft, Zunft und Handwerk, Industrie und Wasserenergie, Eisenbahn und Verkehr.
Öffnungszeiten: So 14 - 17 Uhr

Gutach

 ### Schwarzwälder Freilichtmuseum „Vogtsbauernhof"

77793 Gutach, Tel. 0 78 31 / 93 56-0
Thematik: Schwarzwaldhöfe und ihre Nebengebäude, Einrichtungs- und Gebrauchsgegenstände der bäuerlichen Arbeits- und Lebenswelt. Holznutzung und -transport.

Öffnungszeiten: 1. April bis 1. November täglich von 8.30 - 18 Uhr

Haslach im Kinzigtal

Altstadtkern mit denkmalgeschützten Fachwerkhäusern aus dem 18. Jahrhundert.

 ### Hansjakobmuseum im „Freihof"

77716 Haslach im Kinzigtal, Hansjakobstr. 17,
Tel. 0 78 32 / 47 15
Ausstellung zu literarischen Arbeiten, Predigten und Flugschriften des Schriftstellers, Politikers und Pfarrers Heinrich Hansjakob. Werkpräsentationen der Maler C. Sandhaas, L. Blum und O. Laible, sowie des Kupferstechers J. Allgeyer.
Öffnungszeiten: Mi 10 - 12 Uhr und 15 - 17 Uhr, Freitag 15 - 17 Uhr, vom 1. April bis 31. Oktober an Sonntagen von 10 - 17 Uhr

Schwarzwälder Trachtenmuseum

77716 Haslach im Kinzigtal, Im Alten Kapuzinerkloster, Klosterstr. 1, Tel. 0 78 32 / 80 80
Thematik: Trachten aus dem Schwarzwald, Uniformen, Narrenhäser und Gegenstände aus dem bäuerlichen Leben
Öffnungszeiten: 1. April bis 31. Oktober - Di bis Sa 9 - 17 Uhr, Sonn- u. Feiertage 10 - 17 Uhr
1. Nov. bis 31. März - Di bis Fr 9 - 12 Uhr u. 13 - 17 Uhr u. nach Vereinbarung

Übernachtungen

Zuflucht

Jugendherberge Zuflucht (zwischen Ruhestein und Kniebis), Tel. 0 78 04 / 611 (Übernachtung nur für Mitglieder)

Kniebis

Kurverwaltung Kniebis, 72250 Kniebis, Tel. 0 74 42 / 75 70

Hotel/Gasthof Kniebishöhe, Alter Weg 42, Tel. 0 74 42 / 23 97 und 74 85

Hotel Pension Schwarzwald Kniebis, Rippoldsauer Str. 53, Tel. 0 74 42 / 70 77

Gasthof-Pension Waldeck, Alte Passstr. 48, Tel. 0 74 42 / 25 68

Landgasthof Forbachstube, Strassburger Str. 275, Tel. 0 74 42 / 12 11 46

Zwieselberg

Verwaltungsstelle Zwieselberg, 72250 Freudenstadt, Tel. 0 74 41 / 29 27 und Kurverwaltung Freudenstadt, Tel. 0 74 41 / 8 64 28

Hotel Hirsch, Zwieselberg 10, Tel. 0 74 41 / 86 01 90

Wolfach

Kur- und Verkehrsamt Wolfach/Oberwolfach, Hauptstr. 41, 77709 Wolfach, Tel. 0 78 34 / 83 53 53

Hotel Restaurant Krone, Hauptstr. 33, Tel. 0 78 34 / 83 78-0

Hotel-Gasthof „Kreuz", Hauptstr. 18, Tel. 0 78 34 / 320 und 18 88

Gasthof „Hecht", Hauptstr. 51, Tel. 0 78 34 / 538

Hotel Garni, Erwin-Schmider-Str. 5, Tel. 0 78 34 / 505

Hausach

Bürgermeisteramt Hausach, - Verkehrsamt -, Hauptstr. 40, 77750 Hausach, Tel. 0 78 31 / 79-75

Gasthaus zur Blume, Eisenbahnstr. 26, Tel. 0 78 31 / 286

Hotel-Gasthaus Zur Eiche, Wilhelm-Zangen-Str. 30, Tel. 0 78 31 / 229 und 68 83

Haslach

Tourist-Information Gastliches Kinzigtal e.V., Im Alten Kapuzinerkloster, 77716 Haslach, Tel. 0 78 32 / 80 80 oder 97 92-92

 Gasthaus-Pension Rebstock,
Kirchgasse 6,
Tel. 0 78 32 / 22 36

 Hotel-Restaurant Ochsen,
Mühlenstr. 39,
Tel. 0 78 32 / 99 58 90
(Mo u. Do ab 15 Uhr geschlossen)

In der schönen Haslacher Altstadt

Auf dem Radwanderweg Schwarzwald von Baiersbronn-Obertal nach Haslach

Hatten Sie in Baiersbronn-Obertal die zweite Radwanderwegetappe beendet, so sind am folgenden Tourentag die ersten Kilometer bis auf die Höhe von Anfang an gleich anstrengend.

Bis 1952 teilte die Grenzlinie auf dem Höhenrücken das Gebirge in den badischen und württembergischen Schwarzwald. Altes historisches Gebiet mit Befestigungsanlagen betreten wir an der Alexanderschanze, die Herzog Karl Alexander von Württemberg 1734 hier oben zur Verteidigung gegen die anrückenden Franzosen anlegen ließ. Auch im Zweiten Weltkrieg setzte sich dieses unrühmliche Kapitel fort, sind hier Befestigungen angelegt worden. Das vis-à-vis befindliche Hotel ist nach ebendieser Schanze benannt. Dagegen war für den Ort Kniebis der Gedanke der inneren Einkehr und Hilfe Gründungsgrund. 1271 wurde am Forbach ein Franziskanerkloster, von welchem nur noch Ruinengemäuer künden, und späteres Hospiz gegründet. Die weitläufige Siedlung auf freier Hochfläche ist im Winter ein ideales Betätigungsfeld für Skilangläufer.

Nach dem Verlassen dieses weitbekannten Ortes werden touristisch kaum bekannte Wege benutzt. Zehn Kilometer nach Kniebis ist die nächste und vorerst letzte Siedlung Zwieselberg. Mitten in der Waldeinsamkeit liegt dieses nur wenige Häuser zählende Dörflein.

Doch nun folgt einer der Glanzpunkte der Gesamtstrecke. Durch

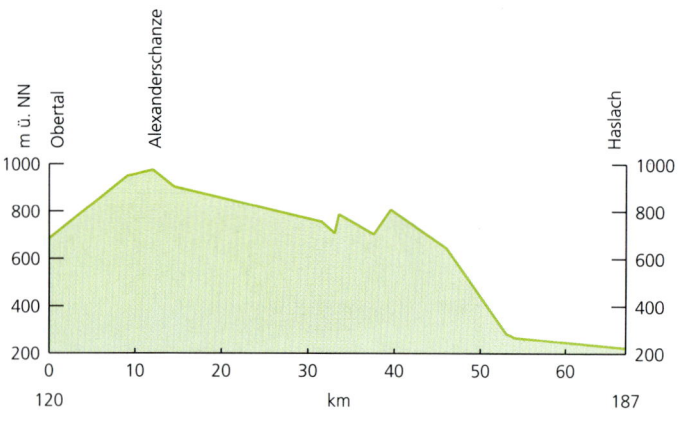

Obertal - Haslach

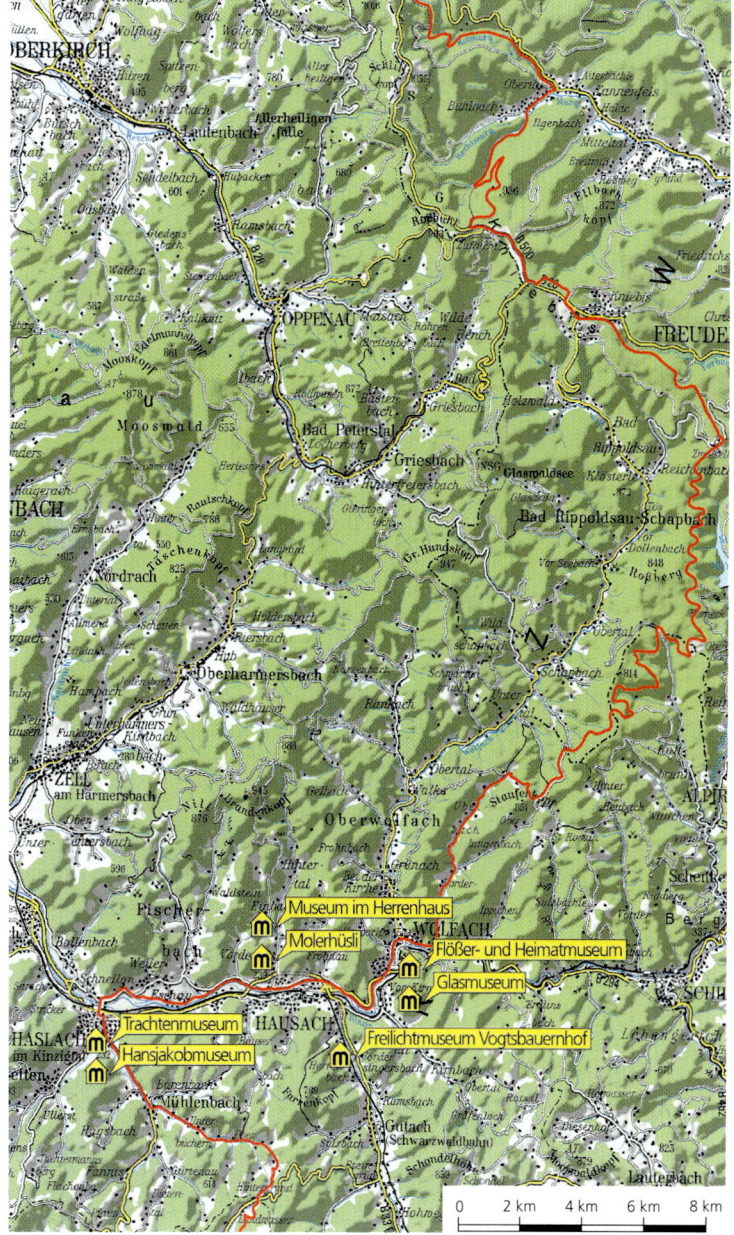

den Buntsandsteinschwarzwald mit seinen schier endlosen Wäldern aus Tanne und Fichte geht es für die folgenden gut 20 Kilometer – ohne einen einzigen Ort zu sehen. Eine solch unzersiedelte Strecke ist für unsere Landesverhältnisse eine Rarität. Zudem bleibt der Radwanderweg zumeist auf der Höhe – Anstrengung wird weitgehend vermieden. Immer wieder eröffnen sich Blicke in Täler und zu benachbarten Bergrücken. Als Krönung schließt sich die flotte 12 km lange Abfahrt durch das Tal von Übel- und Langenbach mit den Bilderbuchhöfen an. Das Wäldermeer und die nordschwarzwaldtypischen Nadelwälder sind jetzt passé. Nach so viel Ruhe und Natur ist der Straßenverkehr sowie das geschäftige Treiben in Wolfach ein wahres Kontrastprogramm. Wer sich den Autos vorerst noch eine Weile verwehren möchte, dem sei ein Abstecher in die Fußgängerzone der hübschen Altstadt empfohlen. Bei einer Rast in einem Straßencafé oder einer Gaststätte, an warmen Tagen auch vor einem Restaurant, kann man sich wieder langsam an die Betriebsamkeit gewöhnen. Eine schöne Kulisse bilden dabei die alten Bürgerhäuser an der breiten Marktstraße.

Von den Nordschwarzwaldhöhen ist nun gewechselt in die Talsohle der Kinzig. Dieser abwärts folgend lassen wir uns westwärts leiten und genießen nochmals 15 sehr bequeme Kilometer auf dem Drahtesel. Vor Hausach mündet von links, d.h. von Süden her, die viel-

bekannte Gutach in die Kinzig. Sehr empfehlenswert ist die Besichtigung des Schwarzwälder Freilichtmuseums „Vogtsbauernhof" im Gutachtal. Zwei Kilometer abseits der Radwanderwegstrecke befindet sich dieses älteste baden-württembergische Freilichtmuseum. Hier ist mittels verschiedener Varianten des Schwarzwaldhauses die Anpassung des bäuerlichen Lebens an die jeweiligen landschaftlichen und witterungsbedingten Gegebenheiten zu sehen.

Allen sieben Grundtypen von Bauernhöfen ist die Hocheinfahrt vom Hang her gemeinsam. Hierüber wurde früher kraftschonend das Heu eingefahren und von oben nach unten zur Fütterung in den Stall verbracht. Außerdem isolierte das Heupolster in den bitterkalten Wintermonaten. Aber nicht nur die Varianten des Schwarzwaldhauses, auch die angeschlossenen Nebengebäude wie Leibgeding, Speicher, Hofkapelle, Backhäuschen, Mühle und Säge klären über Leben und Arbeit zu früheren Zeiten auf.

Mit diesem Abstecher befinden wir uns zugleich im „Bollenhutschwarzwald". Dieser Kopfschmuck ist nämlich nur in Gutach, Kirnbach und Reichenbach beheimatet. Allerdings macht inzwischen der gesamte Schwarzwald mit dem Hut mit roten Wollrosen Werbung für sich. Wer sich über Trachten des Schwarzwaldes Wissen aneignen möchte, dem sei eine Besichtigung des Schwarzwälder Trachtenmuseums in Haslach empfohlen. Dafür aber geht es erst einmal zurück

„Lorenzenhof" im Schwarzwälder Freilichtmuseum „Vogtsbauernhof" in Gutach

nach Hausach, dann auf dem Damm oberhalb des Flusses, der den Schwarzwald in seiner Länge teilt, abwärts und später rechtsseitig der Kinzig ruhigen Landstraßen und geteerten Wirtschaftswegen durch das hübsche Eschau folgend nach Haslach. Das kleine Städtchen überrascht durch die vielen gepflegten alten Häuser und eine schöne Altstadt. Hier verbrachte der Pfarrer, Politiker und Heimatschriftsteller Heinrich Hansjakob (geboren 1837, gestorben 1916) viele Jahre und seinen Lebensabend. Während seiner Amtszeit als Seelsorger in Hagnau am Bodensee gründete er die erste Winzereigenossenschaft und half damit den Weinbauern am „Schwäbischen Meer". Beim ehemaligen barocken Kapuzinerkloster erinnert ein ungewöhnliches, sehr gelungenes Denkmal an ihn, an ein „Urgestein des Schwarzwaldes". Im ehemaligen Kloster ist auch das zuvor schon erwähnte Trachtenmuseum mit Exponaten aus dem Gesamtschwarzwald untergebracht.

Im Kinzigtal zwischen Hausach und Haslach

4. Etappe: Haslach – Neustadt im Schwarzwald

Haslach (220 müM) – Mühlenbach (260 müM) – Landwassereck (629 müM) 7 km – Rensberg (923 müM) 18 km – Schonach (885 müM) 22 km – Wittenbach – Weißenbacher Höhe (1 010 müM) – Katzensteig – Alte Eck (1 065 müM) – Neueck (980 müM) 37 km – Neukirch (950 müM) 38 km – Kalte Herberge (1 030 müM) 43 km – Hochberg (1 120 müM) 45 km – Ahornhäuser (1 030 müM) – Kleineisenbach (980 müM) – Friedenweiler (902 müM) 54,5 km – Rudenberg (900 müM) – Neustadt (805 müM) 59,5 km

Streckeninfos

Kartenmaterial
Wanderkarte des Schwarzwald-vereins Blatt 5 (Freudenstadt – Schramberg) 1 : 50 000,
Wanderkarte des Schwarzwald-vereins Blatt 506 (Titisee-Neustadt) 1 : 50 000

Streckencharakteristik
Lang anhaltende Steigung zu Beginn. 18% Gefälle von der Weißenbacher Höhe zum Oberkatzensteig. Sehr steiler Weg hinauf zur Alte Eck, Steigung auch zur Kalten Herberge. Ansonsten bequem.

Streckenlänge
59,5 Kilometer

Steigung
etwa 1 300 Höhenmeter

Bahnhöfe entlang der Strecke
Haslach, Triberg (4 km ab/bis Schonach), Neustadt im Schwarzwald

Sehenswürdigkeiten
Schonach im Schwarzwald

 Heimatstube
78136 Schonach im Schwarzwald, Hauptstr. 6, Tel. 0 77 22 / 96 48 10
Thematik: Mechanische Weihnachtskrippe mit 20 Episoden aus dem biblischen Geschehen. Uhrenmacherdrehbank, handwerkliche Geräte, Schwarzwälder Bauernmöbel, Schonacher Trachten.
Öffnungszeiten: Mi 10 - 11 Uhr; vom 24.12. bis 06.01. von 10 ▪ 12 Uhr und 14 ▪ 17 Uhr

Furtwangen

 Deutsches Uhrenmuseum
78120 Furtwangen, Gerwigstr. 11, Tel. 0 77 23 / 920-117
Thematik: Weltweit umfassendste Sammlung von Schwarzwalduhren, Ausstel-

lung zur Geschichte, Kunst und Technik von Uhren.
Öffnungszeiten: 1. April bis 31. Oktober täglich von 9 - 18 Uhr, 1. November bis 31. März täglich von 10 - 17 Uhr, am 24. und 26. Dezember geschlossen

Titisee-Neustadt

🏠 *Heimatstuben*
79822 Titisee-Neustadt, Scheuerlenstr. 31, Tel. 0 76 51 / 206-124
Thematik: Regionale Volkskunst und Brauchtum im Schwarzwald, alte Erwerbszweige der Region, Literatur zur Heimat- und Volkskunde. *Öffnungszeiten*: 15.05. bis 30.09. Mo - Fr 14 - 17 Uhr, Sa nur Gruppen nach Vereinbarung 01.10. bis 14.05. Do 14 - 17 Uhr und So 10 - 12 Uhr

Übernachtungen

Mühlenbach

🟦 Tourist-Information Gastliches Kinzigtal e.V. (siehe Haslach)

🟦 Gasthaus zum Ochsen, Hauptstr. 27, 77796 Mühlenbach, Tel. 0 78 32 / 22 43 (Di Ruhetag, Mi ab 17 Uhr geöffnet)

Landwassereck

🟦 Gasthaus „Zum Landwassereck", Landwasserstr. 35, Tel. 0 76 82 / 90 90 27

Gasthaus bei Passhöhe an der L 107 zwischen Oberprechtal und Gutach/Hornberg

Schonach

🟦 Haus des Gastes, Hauptstr. 6, 78136 Schonach im Schwarzwald, Tel. 0 77 22 / 9 64 81-0

🟦 Hotel Lamm, Hauptstr. 21, Tel. 0 77 22 / 53 06

🟦 Schwarzwald Gasthof Schwanen, Hauptstr. 18, Tel. 0 77 22 / 52 96

🟦 Gasthof-Pension Grubstuben, Grubweg 42, Tel. 0 77 22 / 53 82

🟦 Hotel-Pension Schanzenblick, Grubweg 35, Tel. 0 77 22 / 62 50

🟦 Gasthof zum Brauer, Hauptstr. 41, Tel. 0 77 22 / 52 20

B 500

🟦 Gasthaus Pension „Zum Hirschen" (an der B 500 bei Neueck), Tel. 0 77 23 / 74 12

🟦 Höhengasthaus Kalte Herberge (an der B 500 Abzweig nach Urach), Tel. 0 77 23 / 73 89

Hochberg

🟦 Gasthaus Engel-Hochberg, Tel. 0 76 57 / 9 19 69 11

Friedenweiler

ℹ️ Kurverwaltung Friedenweiler,
79877 Friedenweiler,
Tel. 0 76 51 / 50 34

🛏️ Gasthof Steppacher, Rathaus-
str. 4, Tel. 0 76 51 / 75 16

🛏️ Café-Gästehaus Waldhüsle,
Kleineisenbachstr. 40a,
Tel. 0 76 51 / 75 26

Rudenberg

🛏️ Gasthaus Pauliwirt,
Tel. 0 76 51 / 14 27

Neustadt

ℹ️ Tourist-Information, Kurverwaltung, 79822 Titisee-Neustadt, Tel. 0 76 51 / 98 04-0

🛏️ Gasthaus zum Bären, Hauptstr. 20, Tel. 0 76 51 / 15 15

🛏️ Hotel Jägerhaus, Am Post-
platz 1-2, Tel. 0 76 51 / 50 55

🛏️ Jugendherberge Rudenberg,
Rudenberg 6,
Tel. 0 76 51 / 73 60

auf dem Hochfirstgipfel

🛏️ Fürstenberg-Rasthaus Hochfirst, Tel. 0 76 51 / 75 75
(Di Ruhetag)

Biker bei Mühlenbach

Auf dem Radwanderweg Schwarzwald von Haslach nach Neustadt

Mit Haslach wird zugleich das Tal der Kinzig verlassen. Vorerst mit mehr Verkehr geht es auf Radwegen parallel der Bundesstraße 294 nach Mühlenbach, einem wiederum schmucken kleinen Dörflein. Nach den bequemen und kulturreichen Kilometern des Vortages steht eine sehr schweißtreibende Etappe bevor. Spätestens jetzt muss der Getränkevorrat ergänzt werden: es folgen nämlich sehr steigungsreiche Kilometer bis Schonach. Nach Verlassen des Kinzigtales und dem Grund des Mühlenbacher Talbaches ist das Bücherntal nochmals eine Landschaftsnummer kleiner. Damit ist gleichzeitig auch wieder die willkommene Ruhe eingekehrt. Auf dem geteerten Talsträßlein ist die

Steigung zu Beginn noch mäßig, allerspätestens aber beim Grieshabershof heißt es, den Sattel zu verlassen und kräftig in die Pedale zu stehen – oder zu schieben. Beim Landwassereck in 629 m Höhe haben wir Mühlenbach mit seinen 260 müM zwar schon tief unter uns, aber das Ende des Bergan ist noch nicht erreicht. Eine Zwischenstärkung auf halbem Anstieg ist hier im Gasthaus Landwassereck möglich. Auf breitem, später aber schmalem Waldweg geht es weiter hinauf zum Querweg Lahr – Rottweil und zum Westweg, der von Pforzheim nach Basel führt. Die rotblaue Querwegraute auf gelbem Grund, die rote Westwegraute auf weißem Grund, sowie unsere Radwanderwegbeschilderung verlau-

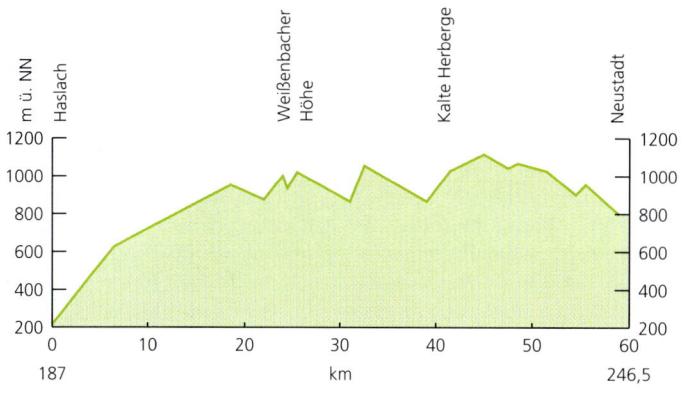

Haslach - Neustadt

fen für kurze Strecke gemeinsam. Etwas versteckt auf der rechten Seite dieses Wegstückes befindet sich der Huberfelsen mit seiner wunderbaren Aussicht. Hier befinden wir uns auf der Wasserscheide zwischen Gutach- und Elztal. In beide Täler eröffnet sich vom die Baumwipfel überragenden Fels ein beeindruckender Blick. Eine Gedenktafel an diesem Felsklotz auf Prechtaler Gemarkung erinnert an den Triberger Obervogt Huber. Durch ihn wurde die Strohflechterei als Heimarbeitsmöglichkeit verbessert. Die verbesserte Herstellung von Hüten, Taschen und Körben aus Roggenstroh brachte der Bevölkerung durch Zugeld eine Linderung der Armut. Die Glasträger nahmen diese Produkte auf ihre Reisen ins Land ins Verkaufssortiment auf. Im Jahr 1785 wurden allein 30 000 Strohhüte aus der Region um Triberg ausgeführt.

Die Landschaft ändert sich langsam, wir befinden uns im Mittleren Schwarzwald. Diesen Teil des Mittelgebirges kennzeichnet der Wechsel von Wäldern, Matten und verstreut daliegenden Einzelhöfen. Unser Bergauf hat nach 18 Kilometern vorerst ein Ende. Es geht kurz auf der Hochfläche weiter und dann hinab ins Schonach, bekannt für seine 1. weltgrößte Kuckucksuhr. Nach dem „Bollenhutschwarzwald" bei Gutach und „Hansjakobland" um Haslach befinden wir uns jetzt im „Uhrenmacherschwarzwald". Auf der Hauptstraße führt die Abfahrt hinein nach Schonach. Bei der Kirche wird diese nach Tri-

berg weiterziehende Verkehrsstraße verlassen. Rechts abzweigend und ansteigend geht es zum Wald. Wittenbach wird in einer Senke durchfahren, und nach kurzem Gegenanstieg geht es mit Blick auf Weißenbach dem Waldrain entlang zur Weißenbacher Höhe mit ihren 1 011 Metern über Meereshöhe. Ab dem Furtwänglehof entlohnt eine tolle Abfahrt mit 18% Gefälle für die vorangegangene Plagerei von Schonach herauf. In Katzensteig befinden wir uns zugleich im Tal der Breg, einem der beiden Donauquellflüsse. Wie lautet doch der Schulspruch aus Kinderzeiten: „Brigach und Breg bringen die Donau zuweg". Solch flotte Talfahrten sind leider viel zu schnell zu Ende, und vom Bregtal geht es bei Höhenmeter 879 rechts in ein kleines Seitental und durch dieses steil zu den Leimgrubenhöfen und dann (willkommen eben) nach Neueck. Nur wenige Kilometer entfernt liegt das Industriestädtchen Furtwangen. Auch hier war die Uhrmacherei einmal hoch im Kurs. Wenig ist davon übrig geblieben.

Der herausragendste Exportartikel des Schwarzwaldes war sicherlich die Uhr. Glashändler sollen 1683 aus Böhmen eine Holzuhr mitgebracht haben, die dann den in Heimarbeit tüftelnden Bauern als Vorbild diente. Waren es anfänglich Feierabendtätigkeiten an den kurzen Wintertagen, so wurde im Laufe der Zeit die Uhrenherstellung für die Bewohner des Waldes zu einem das Auskommen in der Hei-

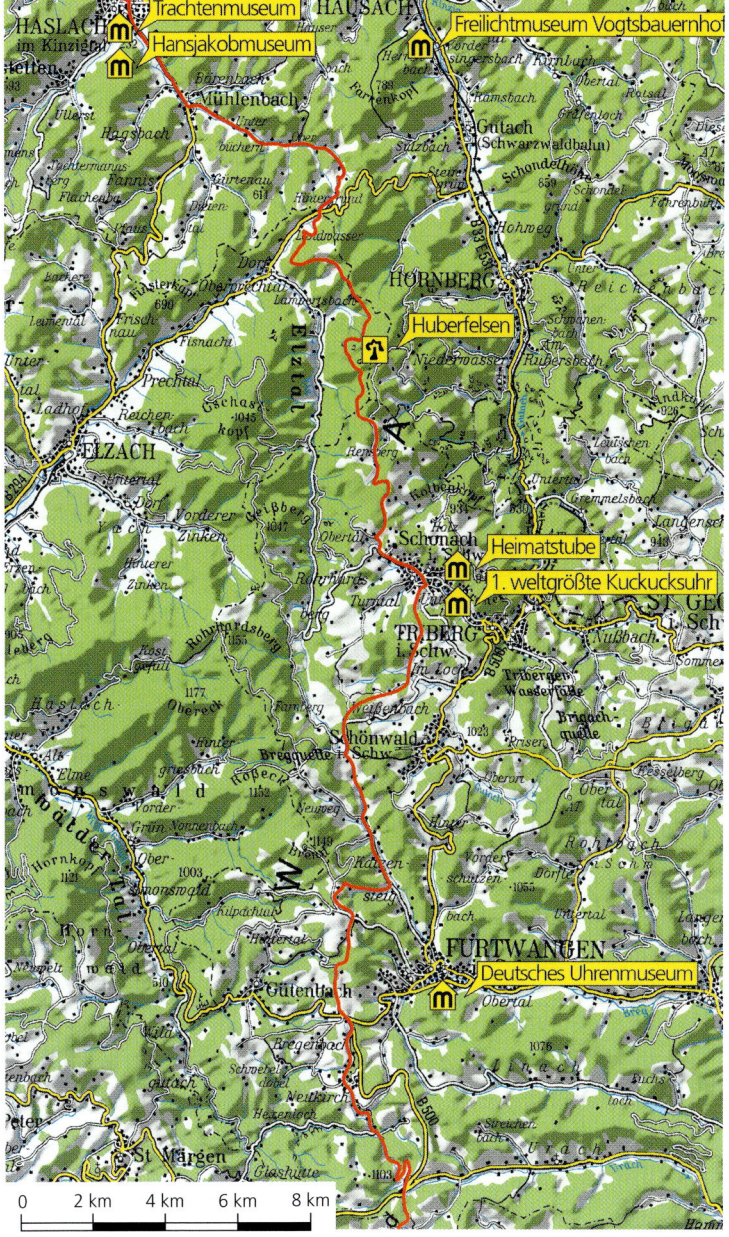

Trachtenmuseum
Hansjakobmuseum
Freilichtmuseum Vogtsbauernhof
Huberfelsen
Heimatstube
1. weltgrößte Kuckucksuhr
Deutsches Uhrenmuseum

0   2 km   4 km   6 km   8 km

mat ermöglichenden Zuerwerb. Gegen Ende des 18. Jahrhunderts wandelte sich die Uhrenherstellung. Größere Zentren des Uhrengewerbes entstanden in Furtwangen und Neustadt, und 1730 erfand der Schönwalder Franz Ketterer die legendäre Kuckucksuhr. Im weiteren Verlauf kam es zur Spezialisierung. Neue Berufe wie der des Uhrenschnitzers, Schildmalers, Gestell- und Zifferblattmachers entstanden. Das Produkt Uhr war kostengünstiger und zudem quali-

tativ hochwertiger herzustellen. Trotzdem brachten schließlich Billigimporte aus Asien das Aus für die meisten Uhrenbetriebe. Einen Überblick von der einstigen Produktvielfalt kann man sich im Deutschen Uhrenmuseum in Furtwangen verschaffen.

Von Schonach bis Neustadt wird als einer der wenigen Orte Neukirch durchradelt: ihn erreichen Sie bald nach Neueck – auf den 35 Kilometern zwischen Schonach und Neustadt neben Friedenweiler

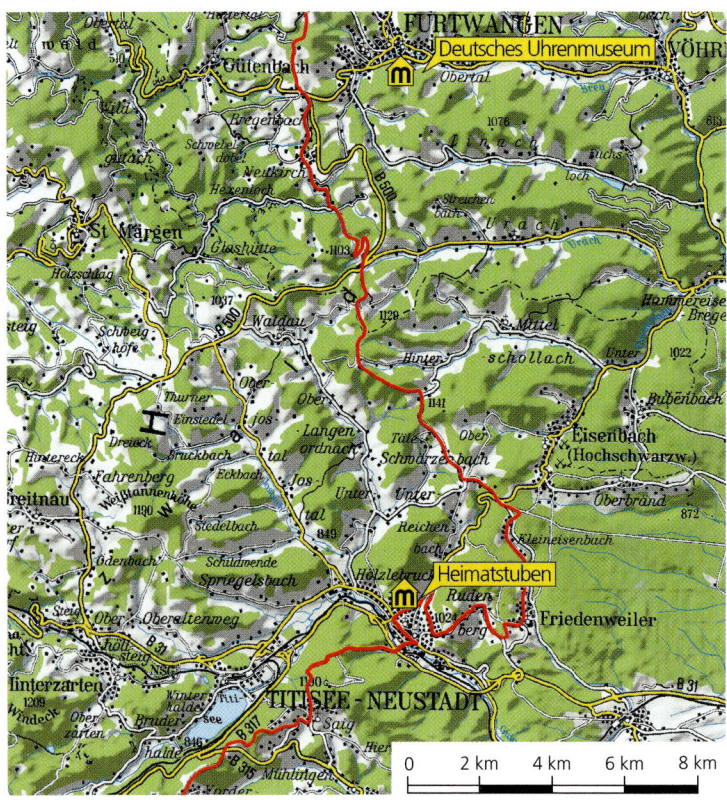

Hansjakob-Denkmal in Haslach

Idylle in Kleineisenbach

die einzige nennenswerte Ort-
schaft. Sie müssen deswegen
jedoch nicht sogleich eine Unterkunft suchen. Unterwegs bieten
immer wieder Landgasthöfe und
Pensionen in kleinen Weilern Zimmer an. Leider wachsen auch in
Neukirch die Neubauten zahlreich
aus dem Boden. Ein Stück beeindruckender Vergangenheit ist die
wehrhafte Dorfkirche mit Friedhof
und Ummauerung.

Auf schmalem Landsträßlein
heißt es während der Fahrt den
Talgrund hinab nicht den Abzweig
des Radwanderweges in einer
scharfen Rechtskurve zu verpassen.
Würden sie weiter talab radeln, so
wäre die nächste Sehenswürdigkeit
das Postkartenmotiv Hexen-
lochmühle und Sie kämen ins Wild-
gutachtal. Diese kleine Unachtsam-
keit brächte dann allerdings ein
sehr anstrengendes Radeln mit sich,
um wieder auf die Hochfläche zu
gelangen. Aufgepasst also: nehmen Sie unbedingt die ausgeschil-
derte Strecke zum Wolfloch und zur
Kalten Herberge!

Beim Wolfloch standen bis ins
Spätjahr 1999 noch die Trümmer
des eingestürzten und einst mäch-

auch diese restlichen Spuren Schwarzwälder Kulturgeschichte verschwunden und irgendwann wird der Wiesengrund vielleicht aufgeforstet. Nichts erinnert dann mehr an das generationenlange und entbehrungsreiche Leben in diesem abgeschiedenen Winkel.

Vom Wolfloch ist nach knapp zwei Kilometern das Gasthaus Kalte Herberge an der B 500 erreicht. Einkehr und Übernachtung sind hier möglich. Im Sommer ist nicht zu befürchten, dass es einem in der Kalten Herberge so ergeht wie einstmals einem Gast, der im Winter auf der Ofenbank erfror. Die Landschaft behält nun bis Neustadt ihren Charakter, mal geht es durch Fichten- bzw. Tannenwälder, mal entlang Waldrändern oder über Wiesen mit Sicht auf kleine Ortschaften. Dergestalt erholsam wird über Hochberg, Margrutt, Ahornhäuser, Kleineisenbach, Friedenweiler und Rudenberg das vorher genannte Neustadt erreicht. In der Stadt überqueren Sie ein Flüsschen namens Gutach, und vielleicht erinnern Sie sich daran, diesen Flussnamen schon einmal gehört zu haben. Richtig! Beim Abstecher von Hausach zum Schwarzwälder Freilichtmuseum „Vogtsbauernhof". Mit dem Auto wäre es von der Gutach „Nord" zur Gutach „Süd" ein Katzensprung. Dafür haben wir als Freizeitradler den Schwarzwald bisher um ein Vielfaches intensiver erleben und kennenlernen dürfen.

tigen Oberwolflochhofes mit dazugehörigem Backhäuschen, Speicher und der Sägemühle. Die Schneemassen des „Jahrhundertwinters 98/99" hatten die Last auf dem Dach zu groß werden lassen: das Gebäude brach zusammen. Im Dezember '99 endete schließlich im Greifarm des Abrissbaggers die fast 550-jährige Hofgeschichte, die Geschichte eines gut halben Jahrtausends. Wenn auch in desolatem Zustand und die Säge seit ein paar Jahren nur noch Ruine, so lassen sich zumindest bislang noch die Nebengebäude erkennen. Bald sind

5. Etappe: Neustadt im Schwarzwald – Wiedener Eck

Neustadt (805 müM) – Saiger Kreuz (1 011 müM) – Saig (988 müM) 4 km – Altglashütten (991 müM) – Bärental (976 müM) 12 km – Seebachtal - Feldbergerhof (1 260 müM) 24 km – Todtnauer Hütte (1 320 müM) 27 km – Todtnauberg (1 019 müM) 33 km – Muggenbrunn (967 müM) – Wiedener Eck (1 035 müM) 43 km

Streckeninfos

Kartenmaterial
Wanderkarte des Schwarzwaldvereins Blatt 506 (Titisee-Neustadt) 1 : 50 000,
Wanderkarte des Schwarzwaldvereins Blatt 508 (Lörrach) 1 : 50 000

Streckencharakteristik
Häufige Wechsel zwischen steilen Anstiegen und Abfahrten, so z.B. zum Saiger Kreuz, am Feldberg, in Todtnauberg und Muggenbrunn.

Streckenlänge
43 Kilometer

Steigung
ca. 980 Höhenmeter

Bahnhöfe an der Strecke
Neustadt im Schwarzwald, Altglashütten-Falkau, Feldberg-Bärental

Variante mit VeloBus

Der VeloBus der SBG ist von Anfang Juni bis November zwischen Freiburg und Neueck/Furtwangen unterwegs. Der Linienbus fährt mit Fahrradanhänger an allen Samstagen, Sonn- und Feiertagen um 8.30 Uhr und 12.45 Uhr ab Freiburg Busbahnhof, ZOB, auf die Schwarzwaldhöhen nach Neueck und Furtwangen. Zustiegsmöglichkeiten sind in Denzlingen, Waldkirch, Bleibach und Simonswald. Um 10.20 und 17.30 Uhr fährt der Bus ab Furtwangen nach Freiburg. Für den Fall einer Fahrplanänderung sollten bei der SBG Freiburg (07 61 / 3 61 72) oder Furtwangen (0 77 23 / 1 94 49) die aktuellen Abfahrtszeiten abgefragt werden.

Weitere Informationen siehe Seite 76

Sehenswürdigkeiten

🛉 *Feldsee*
Mit 1 109 müM der höchstgelegene See im Schwarzwald.

🛉 *Feldberg*
Höchstgelegener Schwarzwaldgipfel mit Rundumsicht vom 1 493 Meter hohen Gipfel. Mit seinen über 42 km^2 Fläche ist das Naturschutzgebiet am Feldberg das größte in Baden-Württemberg. (Naturschutz Info-Stelle Feldberg des Schwarzwaldvereins 79868 Feldberg, Im „Feldberger Hof", Am Seebuck 10, Tel. 0 76 76 / 93 98 98

Wieden

✖ *Besucherbergwerk „Finstergrund"*
79695 Wieden, Finstergrund, Tel. 0 76 73 / 70 41
Thematik: Ursprüngliches Silberbergwerk, in dem vor der Stilllegung Flussspat abgebaut wurde.
Öffnungszeiten: Mai bis Oktober Mi, So und an Feiertagen von 9 - 16 Uhr

Übernachtungen

Saig

🛈 Kur & Touristik Lenzkirch, Informationsbüro Saig, Dorfplatz 9, 79853 Lenzkirch, Tel. 0 76 53 / 96 20 40

🛏 Sporthotel Sonnhalde, Hochfirstweg 24, Tel. 0 76 53 / 6 80 80

🛏 Hotel Gasthof Ochsen, Dorfplatz 1, Tel. 0 76 53 / 9 00 10

🛏 Hotel-Gasthof Hochfirst, Dorfplatz 5, Tel. 0 76 53 / 751

🛏 Pension „Café Alpenblick", Titiseestr. 17, Tel. 0 76 53 / 9 90 20

Falkau

🛈 Tourist-Information Feldberg, Kirchgasse 1, 79868 Feldberg, Tel. 0 76 55 / 801-9 (über die Tourist-Information Feldberg auch Auskunft über Gastgeber in den Orten Altglashütten, Bärental, Feldberg-Ort)

🛏 Sporthotel Falkau, Haslachstr. 12, Tel. 0 76 55 / 9 08 12-0

🛏 Hotel-Restaurant „Peterle", Schuppenhörnlestr. 18, Tel. 0 76 55 / 677

🛏 Hotel-Weinstube Florianstüble, Ob der Schwelle 2, Tel. 0 76 55 / 734

🛏 Gasthof Bierhäusle, Ortsstr. 22, Tel. 0 76 55 / 306

🛏 Pension-Restaurant Waldblick, Haslachstr. 14, Tel. 0 76 55 / 215

Altglashütten

- Hotel Restaurant Waldeck, Windgfällstr. 19, Tel. 0 76 55 / 9 10 30

- Hotel Rest. Haus Sommerberg, Am Sommerberg 14, Tel. 0 76 55 / 14 11

- Hotel Restaurant Sonneck, Schwarzenbachweg 5, Tel. 0 76 55 / 211

- Pension/Café Häberle, Windgfällstr. 5, Tel. 0 76 55 / 535

- Jugendherberge „Turnerheim", Am Sommerberg 26, Tel. 0 76 55 / 206

Bärental

- Hotel-Pension Kastner, Schrofenweg 4, Tel. 0 76 55 / 317

- Schwarzwaldgasthof Adler, Feldbergstr. 4, Tel. 0 76 55 / 230 + 12 42

Feldberg-Ort

- Berggasthof Wasmer, An der Wiesenquelle 1, Tel. 0 76 76 / 230

- Hotel Schwarzwaldhof, August-Euler-Platz 1, Tel. 0 76 76 / 339

- Berghotel Panorama, Grafenmattweg 2, Tel. 0 76 76 / 211

- Jugendherberge „Hebelhof", Paßhöhe 14, Tel. 0 76 76 / 221

Todtnauberg

- Tourist-Information, Kurhaus, Kurhausstr. 18, 79674 Todtnauberg, Tel. 0 76 71 / 9 69 69-0

- Hotel Landhaus Herrihof, Kurhausstr. 21, Tel. 0 76 71 / 9 18 18-0

- Hotel Sternen, Kurhausstr. 1, Tel. 0 76 71 / 210 + 91 15-0

- Berghotel „Rübezahl", Ennerbachstr. 34, Tel. 0 76 71 / 392

- Gasthaus/Pension Bergblick, Radschertstr. 9, Tel. 0 76 71 / 9 50 79

- Hotel Sonnenalm, Hornweg 21, Tel. 0 76 71 / 18 00

- Hotel Arnica, Hornweg 26, Tel. 0 76 71 / 96 25 70

- Jugendherberge „Fleinerhaus", Radschertstr. 12, Tel. 0 76 71 / 275

Muggenbrunn

- Tourist-Information, Haus des Gastes, 79674 Muggenbrunn, Tel. 0 76 71 / 423 + 649

- Hotel „Adler", Schauinslandstr. 13, Tel. 0 76 71 / 783 + 84 27

🛏 Hotel-Gasthof Grüner Baum,
Schauinslandstr. 3,
Tel. 0 76 71 / 91 84 40

Wieden

ℹ️ Kurverwaltung, Kirchstr. 2,
79695 Wieden,
Tel. 0 76 73 / 303

🛏 Berghotel „Wiedener Eck",
Oberwieden 15,
Tel. 0 76 73 / 90 90
das Berghotel Wiedener Eck
befindet sich auf der 1035
müM gelegenen Paßhöhe der
Straße Münstertal – Schönau

🛏 Jugendherberge „Belchen",
Oberwieden 16,
Tel. 0 76 73 / 538

Die „Juhe" liegt nahe dem Wiedener Eck unmittelbar neben der Landstraße zum Belchen.

Berghotel und Jugendherberge sind die einzigen Wiedener Quartiere direkt am Radwanderweg Schwarzwald.

🛏 Hotel „Hirschen", Ortsstr. 8,
Tel. 0 76 73 / 10 22

🛏 Hotel „Moosgrund", Steinbühl 16, Tel. 0 76 73 / 79 15

🛏 Hotel-Café „Sonnenhang",
Steinbühl 11,
Tel. 0 76 73 / 91 81 70

🛏 Gasthaus „Kranz", Hüttbach 1,
Tel. 0 76 73 / 494

Frühlingserwachen am Feldsee

Auf dem Radwanderweg Schwarzwald von Neustadt zum Wiedener Eck

Die fünfte Wegetappe wartet ebenfalls mit einem anstrengenden Start auf. So mancher unter den Fahrradfahrern wäre froh, für die Steigung von Neustadt bis zum Saiger Kreuz das Auto zu haben und erst dann wieder auf das Rad steigen zu dürfen. An der Hochfirstflanke heißt es nämlich sich hocharbeiten, und erst ab 1 011 müM ist das Radeln wieder bequem möglich. Wer sich konditionell noch mehr abverlangen möchte, der kann auch bis auf 1 190 m Höhe weiterradeln. Dies ist dann zwar nicht mehr die Radwegroute (auch muss man auf derselben Strecke wieder zurück zum Saiger Kreuz), dafür wird man aber auf dem Hochfirst und nach der Turmbesteigung mit einer umfassenden Sicht belohnt und kann sich einen Überblick vom

weiteren Tourenverlauf zum Schwarzwaldhöchsten machen.

Von der Aussichtsplattform des Turmes sieht man auf das Dorf Saig. Dies kleine Dorf wird als nächstes angesteuert, dann ist über Vorder- und Hinterfalkau und Altglashütten eine vielbekannte Ferienregion erreicht. Der Biker, der über Schwarzwaldgeschichte informiert ist, wird anhand des Ortsnamens gleich den Ursprung dieser Siedlung erahnen. Glashütten siedelten sich hier an, zuerst in Altglashütten. Nachdem der Holzvorrat zur Neige ging, zog man um. Neuglashütten entstand. Bald darauf erreichen Sie Bärental. Nach bislang 259 Kilometern ist hier die letzte Möglichkeit, per Bahn die Tour zu unterbrechen und für die abschließende Etappe bis Lörrach

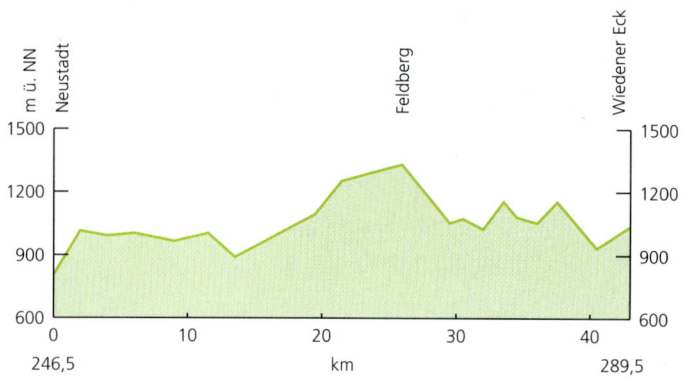

Neustadt - Wiedener Eck

Der Titisee

wiederum einzusteigen. Der Bahnhof Bärental der Drei-Seen-Bahn ist mit 967 müM der höchste Bahnhof Baden-Württembergs.

Das Radwanderwegsymbol leitet in das Seebachtal. Damit geht es hinein in eine der schönsten Ferienregionen Deutschlands. Der Seebach nimmt seinen Ursprung vom Feldsee, dem höchstgelegenen See dieses Mittelgebirges. Das Seebachtal selbst ist ein Relikt der letzten Eiszeit, der Würmeiszeit. Sie ging vor etwa 10 000 Jahren zu Ende und hobelte das Tal zu einem Trogtal aus.

Durch das Seebachtal stetig bergan gewinnen Sie abermals an Höhe. Wenige hundert Meter vor dem Raimartihof und Feldsee weist unsere Beschilderung nach links. Die paar hundert Extrameter zum Feldsee sollten Sie sich jedoch nicht entgehen lassen. Wenn Sie den Seebach auf breitem Waldweg überquert und am Wirtshaus Raimartihof vorbeigeradelt sind, lässt sich vom Weg aus ein Überblick über das von zwei Endmoränen eingeschlossene Feldseemoor gewinnen. Tritt man dann beim 1 109 Meter über Meereshöhe gelegenen See aus dem Wald heraus, so eröffnet sich ein prächtiges Panorama über die Felsabstürze der Karwände bis hinauf zum Seebuck mit dem Bismarckdenkmal. Selbst im Mai liegen in der Lawinenbahn noch Schneereste. Das Zartgrün und die Reste an Schnee sind dann ein fast unwirkliches Erlebnis. Wer strikt dem Radwanderweg folgt, dem entgeht dieser Naturgenuss. Deshalb sei der Extrakilometer unbedingt empfohlen.

Bei gleichmäßiger und mit Mountainbikes gut zu radelnder Steigung schrauben wir uns hinauf

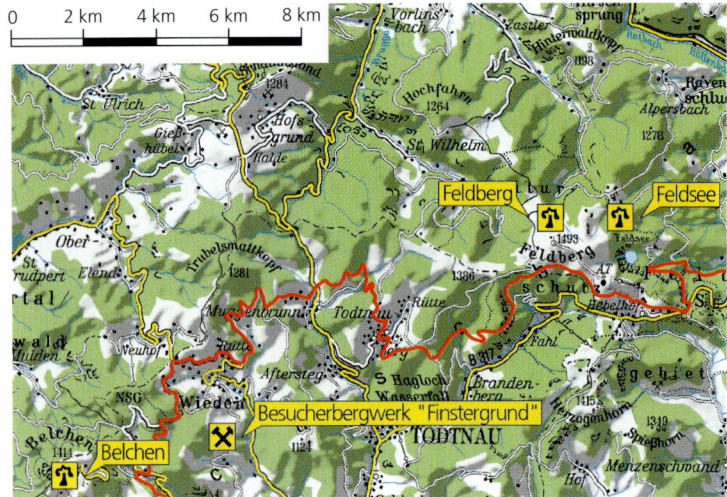

zum Ort Feldberg, den wir beim Caritasheim erreichen. Hier ist kurz der Bundesstraße 317 ortseinwärts zu folgen, aber schon bald wird abgezweigt zum Feldbergerhof. Ein Besuch des hiesigen Naturschutzzentrums im gleichnamigen Hotelkomplex sei wärmstens empfohlen. Der an der Schwarzwaldnatur Interessierte findet hier eine Menge an Literatur für die grauen Novemberwochen und Tipps für detailliertere Unternehmungen.

Doch wieder zurück zur Tour. Das in der Natur irgendwie als Fremdkörper erscheinende Touristenzentrum Feldbergerhof wird auf geteerter und für den Autoverkehr gesperrter Straße verlassen, die Markierung weist zur Todtnauer Hütte. Ausblicke in den umliegenden Schwarzwald und zum zweithöchsten Gipfel dieses Mittelgebirges, dem Herzogenhorn (1 415 müM) mit seinem übergroßen Gipfelkreuz, sowie ins Tal der Wiese eröffnen sich. Der eigentliche Feldberggipfel (1 493 müM) sowie der Seebuck (1 448 müM) sind kein offizielles Radwanderwegziel. Doch wer bis hierher das Gebirge durchfahren hat, der wird sich den Abstecher auf die höchste Landmarke des Schwarzwaldes nicht nehmen lassen. Im Sommer die Alpen zu sehen ist leider unwahrscheinlich. Im Gegensatz zum Dezember und Januar, wo fast an der Hälfte aller Tage die Alpen klar hervortreten, besteht im Juni und Juli nur etwa an drei Tagen Alpensicht. Neben der Rundumsicht vom Feldberggipfel sei aber auch der Seebuck als lohnende Warte empfohlen. Von ihm aus können Sie den Feldsee in der Tiefe erblicken, welchen Sie vorhin aufgesucht hatten. Ebenso deutlich erkennbar ist das durch Gletscher

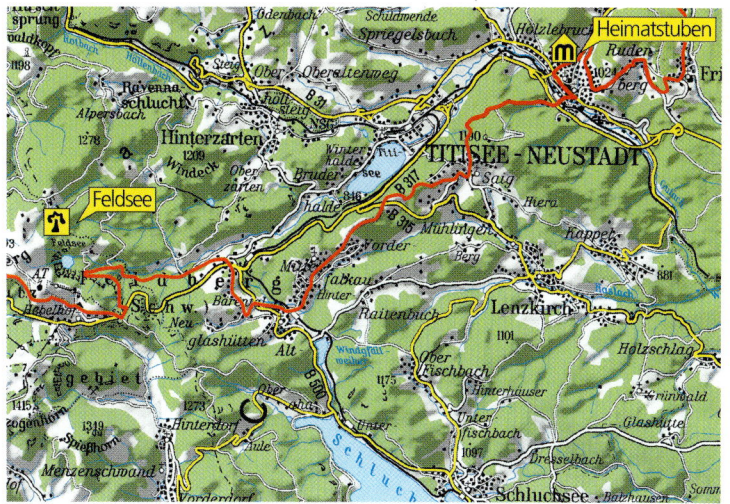

überformte und verbreiterte Trogtal des Seebaches, durch das wir von Bärental heraufkamen.

Ab der Todtnauer Hütte verlässt der Radwanderweg die eigentlichen Wandergebiete der Feldbergregion, und es geht auf der schmalen Fahrstraße Richtung Wiesental. In einer spitzwinkligen Linkskurve dürfen wir allerdings nicht unsere Abzweigung nach Todtnauberg verpassen. In diesem Fremdenverkehrsort ist die Quartiersuche problemlos. Auch eine Jugendherberge bietet sich dafür an. Bei der „Juhe" befinden wir uns schon wieder auf der Höhe. Es geht von hier nicht weiter zum Wirtshaus Stübenwasen, sondern halblinks in den Wald hinein und nach Muggenbrunn. Durch diesen Ort steil aufwärts wird der gegenüberliegende Höhenrücken erreicht. Mehrere Kilometer durch eine herrliche Tallandschaft geht es daraufhin angenehm bergab. Zum Wiedener Eck schließlich muss für 2,5 km die Landstraße benutzt werden. Am dortigen Hotel informiert eine Radwanderwegtafel über einzelne Stationen unseres Weges. Und wer auf der Passhöhe den Tag ausklingen lassen möchte, der kann sich im Hotel ein Zimmer nehmen und in der Gaststube kulinarisch verwöhnen lassen. Für den schmäleren Geldbeutel ist es bis zur Jugendherberge „Belchen" nur ein Katzensprung.

Durch das Seebachtal hinauf zum Ort Feldberg

6. Etappe: Wiedener Eck – Lörrach

Wiedener Eck (1 035 müM) – Lückle (1 157 müM) – Untermulten (1 030 müM) – Oberböllen (723 müM) – Neuenweg (743 müM) 15,5 km – Grube (893 müM) – Jungholz (990 müM) – Lipple (892 müM) 30,5 km – Egerten (923 müM) – Vogelbach (679 müM) – Malsburg (480 müM) 46 km – Kandertal – Roter Rain (490 müM) – Egerten (350 müM) – Nebenau (326 müM) 55 km – Hauingen (312 müM) – Lörrach (294 müM) 64,5 km

Streckeninfos

Kartenmaterial
Wanderkarte des Schwarzwald-vereins Blatt 508 (Lörrach)
1 : 50 000

Streckencharakteristik
Anstieg vom Wiedener Eck zum Lückle, dann erholsames Radeln bis Oberböllen. Anstieg und Abfahrt nach Neuenweg und von dort bis Egerten teilweise steiles Bergauf. Schöne Abfahrt ins Kandertal und nur noch kurze Steigungen zum Roten Rain und hinter Nebenau. Im Tal der Wiese ebene letzte Kilometer zum Bahnhof von Lörrach.

Streckenlänge
64,5 Kilometer

Steigung
ca. 660 Höhenmeter

Bahnhöfe entlang der Strecke
Haagen, Lörrach

Sehenswürdigkeiten

 Belchen
Dritthöchster Schwarzwald-gipfel (1 414 müM) und einer der schönsten Aussichtsberge. Bei guter Sicht reicht der Blick zu den Vogesen und den Alpen.

Lörrach

 Museum am Burghof
79540 Lörrach, Basler Str. 143, Tel. 0 76 21 / 91 93 70
Thematik: Ausstellungsschwerpunkt die Geschichte von Lörrach und der Burg Rötteln. Dokumentation zur Textilindustrie im Wiesental, verschiedene Sammlungen und Ausstellungen zum Dichter J. P. Hebel.
Öffnungszeiten: Mittwoch bis Samstag 14 - 17 Uhr, So 11 - 13 Uhr u. 14 - 17 Uhr u. nach Vereinbarung

🏰 *Burgruine Rötteln*
Zweitgrößte Ruine Badens mit umfassender Sicht vom Bergfried über das südliche Markgräflerland.

Übernachtungen

Untermulten

🛏 Hotel-Gasthof Belchen-Multen (direkt am Radwanderweg gelegen),
Tel. 0 76 73 / 209

Neuenweg

ℹ Touristinformation, Hauweg 2, 79691 Neuenweg,
Tel. 0 76 73 / 352

🛏 Gasthaus Pension „Belchenstüble", Talstr. 10,
Tel. 0 76 73 / 91 06-0

🛏 Schwarzwaldhotel Restaurant-Café „Gretherhof", Dorfplatz 4, Tel. 0 76 73 / 74 50

🛏 Ristorante-Pizzeria Hotel „Sonne", Wiesentalstr. 9,
Tel. 0 76 73 / 15 34

zwischen Neuenweg und Blauen:

🛏 Wanderheim „Stockmatt" des Schwarzwaldvereins (direkt am Radwanderweg gelegen)
79697 Wies / Stockmatt, Landstraße 8, Tel. 0 76 29 / 394
Mo + Di Ruhetag (Di ab 14 Uhr)

Kandern

ℹ Fremdenverkehrsamt, Hauptstr. 18, 79400 Kandern,
Tel. 0 76 26 / 899-60

🛏 Gasthaus „Sonne", Hauptstr. 24, Tel. 0 76 26 / 227

🛏 Gasthaus „Zur Schnecke", Ziegelstr. 3, Tel. 07626 / 83 03

🛏 Hotel Garni, Wolfsheule 17, Tel. 0 76 26 / 14 00 und 70 20

Lörrach

ℹ Information und Service Lörrach, Luisenstr. 16, 79539 Lörrach, Tel. 0 76 21 / 415-620

🛏 Hotel Henke, Markgrafenstr. 48 (Stadtteil Haagen),
Tel. 0 76 21 / 5 15 10

🛏 Hotel Garni Haus Martin, Karlstr. 8 (Stadtteil Brombach),
Tel. 0 76 21 / 5 16 20

🛏 Gasthaus Restaurant Pflug, Freiburger Str. 323 (Stadtteil Tumringen),
Tel. 0 76 21 / 32 04
Ruhetag: So ab 15 Uhr u. Mo ganztägig, Hotel tägl. geöffnet

🛏 Gasthaus zum Engel, Luckestr. 13 (Stadtteil Tumringen),
Tel. 0 76 21 / 4 47 23
(Di + Mi Ruhetag)

Auf dem Radwanderweg Schwarzwald vom Wiedener Eck nach Lörrach

Wer vom Wiedener Eck in einen letzten Tourentag startet, der erlebt Schwarzwald pur. Bis auf die Strecke zum Lückle in 1 157 Meter Höhe und Oberböllen – Neuenweg werden ausschließlich landwirtschaftliche Sträßchen und Waldwege benutzt. Außer diesem Vorzug geht es als Hochgenuss zudem durch eine Bilderbuchlandschaft mit herrlichem Wechsel von Wald und freien Hochflächen. Ausblicke bieten sich en masse. Außerdem beeindrucken mächtige Weidbuchen. Das Belchenmassiv umradelnd gelangen wir ins schon genannte Oberböllen und am Fuße der Belchenkulisse gelegene Neuenweg.

Unterkunftsprobleme gibt es auch hier nicht, das Dorf lebt vom Fremdenverkehr. Aber alles in beschaulichem und ländlichem Rahmen, man möchte hier schon den Tag beenden. Doch bis Lörrach sind es noch knapp 50 Kilometer, und nicht jeder wird die Zeit für so viele Tage auf dem Weg von Karlsruhe bis vor die Tore Basels haben. Also heißt es in diesem Fall noch am selben Tag vom 743 m hoch gelegenen Neuenweg die Stationen Jungholz (990 müM), Lipple (892 müM) und Egerten (923 müM) ansteuern. Nahe Lipple bietet sich ein Wanderheim als Übernachtungsmöglichkeit an. Wer ab Egerten den lohnenden, jedoch anstrengenden Extrahöhepunkt Blauen (1 165 müM) ansteuert, der wird vom stählernen Aussichtsturm mit einem letzten umfassenden Rundblick belohnt. Der Belchen mitsamt Belchenhaus gibt uns als

Wiedener Eck - Lörrach

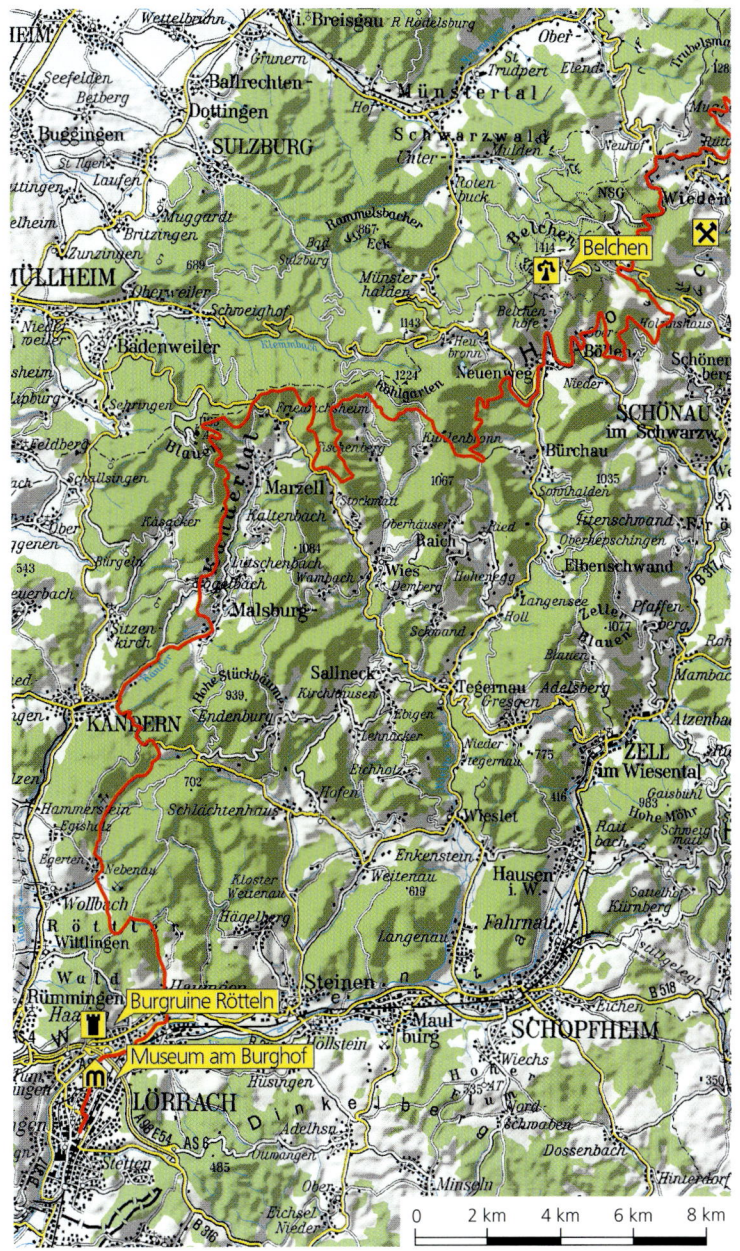

Maisfelder entlang des Weges bei Egerten

dritthöchstem Gipfel dieses süd-
westdeutschen Mittelgebirges die
Richtung unseres Herkommens
wider. Im Süden werden die Bergrücken endgültig niedriger und
verkünden uns angenehmes
Radeln auf den verbleibenden Kilometern. An klaren Herbsttagen
eröffnet sich ein traumhaftes, bis
zu 350 Kilometer breites Alpen-
panorama von der Zugspitze bis
zum Mont Blanc. Nach den zusätz-
lichen Höhenmetern auf diesen
Berggipfel wird mancher Biker die
Einkehrmöglichkeit im Blauenhaus
(Mittwoch ab 17 Uhr geschlossen,
Donnerstag Ruhetag) willkommen
heißen.

Bis zur Passhöhe Egerten ent-
sprach der Schwarzwald als Nadelwald unseren Vorstellungen. Den
verlassen wir nun. Statt dessen
herrscht jetzt Mischwald und später Laubwald vor. Hübsche Ortschaften folgen, und in Vogelbach
eröffnet sich schon greifbar nah
der Blick in die Rheinebene. Hinab
ins Kandertal nach Malsburg
geht's, Egerten und Nebenau sind
bald durchradelt, und nur noch
eine letzte Anhöhe ist zu überwin-
den. Mit Hauingen wird schließlich
das Tal der Wiese erreicht. Überragt wird dieses von der mächtigen
Burgruine Rötteln. Viel zu schnell
ist nun Lörrach und der Bahnhof
erreicht. Wie schnell uns die
Wiesentalbahn und Rheintalbahn
entlang der Westflanke des
Schwarzwaldes wieder zum Ausgangspunkt Karlsruhe bringt, der
einige Tage zurückliegt, erstaunt.
Denn wir haben durch die Tour aus
eigener Muskelkraft ein anderes
Maß für Entfernungen gewonnen.

Auch wenn mal der eine oder
andere Regentag dabei war, Mus-
kelkater oder das Hinterteil Be-
schwerden bereitete – im Nachhin-
ein erfreut der Erfolg des ans Ziel
Kommens, wirken die verschieden-
artigen Erlebnisse, die gemütlichen
Wirtshausabende nach, und der
nächste Urlaub gilt vielleicht wiederum dem Schwarzwald, vielleicht
dem Westweg von Pforzheim nach
Basel (der im Jahr 2000 sein
100-jähriges Bestehen hatte), dem
Mittelweg nach Waldshut oder Ostweg nach Schaffhausen. Für kürzere Ferien empfehlen sich die Querwege. Dass dieses Mittelgebirge
nicht nur einmal aufgesucht werden braucht, dies weiß der „Rad-
wanderwegler" spätestens seit er
in Lörrach angekommen ist.

SCHWARZWALD

Tourismus Baden-Württemberg

G e s t r e s s t ,   m ü d e ,   u r l a u b s r e i f ?
Ein natürliches Rezept hilft: **Ferien im Schwarzwald** - die schönste Art, Körper, Geist und Seele
wieder in Einklang zu bringen. Eine Vielfalt gesunder, wohltuender Reise-Ideen sind **im neuen
Schwarzwald-Magazin 2001 auf 160 Seiten** gebündelt: Schön wie ein Bilderbuch, informativ
wie ein Reiseführer. Tradition und Geschichte, Fitness, Wellness, Beauty, Kuren, Wandern, Rad
und Mountainbike, Familienurlaub... **Und die Angebote aller Schwarzwaldorte!**

SCHWARZWALD
Wohin sonst!

Literatur

Meyers Naturführer „Nordschwarzwald", Dr. Adolf Hanle, Meyers
Lexikonverlag 1989

Meyers Naturführer „Südschwarzwald", Dr. Adolf Hanle, Meyers
Lexikonverlag 1989

Badener Land
Wolfgang Hug / Walter Gruber,
Konrad Theiss Verlag Stuttgart
1996

Die Leute auf dem Wald
Klaus Hoggenmüller / Wolfgang
Hug, Konrad Theiss Verlag Stuttgart
1987

Alte Bauernsägen im Schwarzwald
und in den Alpenländern
Herbert Jüttemann
Verlag G. Braun 1984

Museen in Baden-Württemberg
Museumsverband Baden-Würt-
temberg e.V. und Landesstelle für
Museumsbetreuung Baden-Würt-
temberg, Konrad Theiss Verlag
Stuttgart 1999

Schwarzwaldidylle

Erlebniswandern

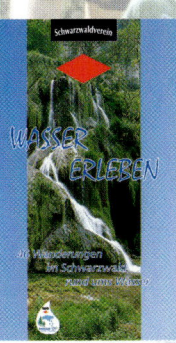

Mit Bus und Rad
auf Tour

Stellen Sie sich vor...

Sie könnten sich einfach auf Ihr Fahrrad setzen, eine gemütliche Rundfahrt in den luftigen Höhen des Schwarzwaldes genießen, ohne sich vorher in harter Arbeit den Berg hinaufquälen zu müssen. Traumhaft, oder?

Diese Vorstellung haben wir Realität werden lassen. Vom 1. Mai bis zum 1. November fährt samstags, sonn- und feiertags die neue VeloBus-Linie von SüdwestBus.

Informationen unter:
Karlsruhe: Telefon 0721 / 9 66 86 10
Offenburg: Telefon 0781 / 20 28 - 1
Freudenstadt: Telefon 07441 / 86 01 20

Wir wünschen Ihnen erholsame
und vergnügliche Radtouren.
Der VeloBus macht's möglich.
Bequem.
Stressfrei.
Sicher.

RVS Regionalbusverkehr
Südwest GmbH
Gartenstraße 78
76135 Karlsruhe
Telefon (0721) 84 06-0
Telefax (0721) 84 06-220
www.suedwestbus.de

Der **Schwarzwald**

E 6246 1/2001

Schwarzwaldverein

Der **Schwarzwald**

E 6246 3/2001

Schwarzwaldverein

...is:
...n den Winterwald

...Pate?
...Hotzenwälder

...n Schauinsland
...r wird

Neue Wandertrends 2001
Vom Walking bis zum Wandern

Rundwanderungen im Sommer
Die schönsten Touren

Woher kommen die Hotzen?

Wandern

Kultur

Freizeit

Natur

**...die Zeitschrift für
Wandern, Kultur
und Freizeit
im Schwarzwald**

Der Schwarzwald

Gesund und frisch
wie dieser Apfel...

So bleiben auch Sie beim Wandern mit dem Schwarzwaldverein. Natürliche Bewegung in frischer Luft und bleibende Eindrücke in herrlichen Landschaften bauen Ihren Streß ab und bewirken körperliches und seelisches Wohlbefinden. Sie tanken Fitness für den Alltag. Ob Sie aktiv an der Wandergemeinschaft teilnehmen oder nur Ihre persönlichen Eindrücke gemeinsam mit uns genießen, bei uns sind Sie auf jeden Fall richtig.

Schwarzwaldverein e.V.
Hauptgeschäftsstelle
Schloßbergring 15
79098 Freiburg

Tel: 07 61-3 80 53-0
Fax: 07 61-3 80 53-20
e-mail: info@schwarzwaldverein.de
www.schwarzwaldverein.de